Lars Kreft

Strom –

ganz schön spannend

Die Werkstatt Elektrizität
für die 3. und 4. Klasse

Mit Kopiervorlagen

Gedruckt auf umweltbewusst gefertigtem, chlorfrei gebleichtem
und alterungsbeständigem Papier.

5. Auflage 2018
Nach den seit 2006 amtlich gültigen Regelungen der Rechtschreibung

Illustrationen: Julia Flasche, Berlin
Satz: Fotosatz H. Buck, Kumhausen
Druck und Bindung: Korrekt Nyomdaipari Kft, Budapest
ISBN 978-3-403-**04774**-2

www.auer-verlag.de

Inhalt

Vorwort 4

Informationen für die Lehrerin und den Lehrer 5
Struktur der Unterrichtsreihe 5
Vorbereitung der Werkstatt 10
Organisation der Werkstatt 10
Tipps zur Materialbeschaffung 11
Arbeitsplan Sachunterricht – Elektrizität 11

Didaktischer Kommentar zu den Angeboten 14
Literaturtipps 20
Werkstattplan 21
Deckblatt: Mein Forscherheft 22

Die Angebote der Werkstatt Elektrizität

1. Elektrische Schlange 23
Auftragskarte 23
Anleitung 24
Erklärung 25

2. Funkende Folie 26
Auftragskarte 26
Anleitung 27
Erklärung 28

3. Stromkreise und Schalter 29
Auftragskarte 29
Anleitung Drehschalter 30
Anleitung Kippschalter 31
Anleitung Klingel 32

4. Wie funktioniert ein Dynamo? 33
Auftragskarte 33
Arbeitsblatt 34

5. Bleistiftleiter 35
Auftragskarte 35
Anleitung 36
Erklärung 37

6. Was leitet Strom? 38
Auftragskarte 38
Arbeitsblatt 39

7. Zitterachterbahn 40
Auftragskarte 40
Anleitung 41

8. Elektroquiz 42
Auftragskarte 42
Anleitungen 43
Erklärung 45
Auflagen 46

9. Woher kommt der Strom? 48
Auftragskarte 48
Lesetext 49
Lösung 51

10. Stromdetektiv 52
Auftragskarte 52
Arbeitsblatt 53
Lösung 54

Vorwort

Alle Kinder haben schon Alltagserfahrungen mit Elektrizität gemacht. Sie erfahren die elektrische Aufladung ihres Pullovers, wenn er beim Ausziehen knistert. Elektrischen Strom verbrauchen wir bei der Benutzung elektrischer Geräte und Maschinen. Unsere Abhängigkeit von elektrischem Strom wird uns oft erst bei einem Stromausfall bewusst. Es bieten sich demnach **zahlreiche Ansatzmöglichkeiten für einen Einstieg** in das Thema Elektrizität (Oberbegriff für elektrische Ladung, den elektrischen Strom und die elektrische Energie).

Die Pisa-Studie und der prognostizierte Mangel an naturwissenschaftlich ausgebildeten Fachkräften hat zu einem Umdenken in der Politik und einer Veränderung der Lehrpläne für den Sachunterricht in vielen Bundesländern geführt, sodass das Thema Elektrizität nun im Unterricht behandelt werden muss. Interessant dabei ist, dass dieses Thema in den 1970er Jahren schon einmal in den Lehrplänen der Grundschule fest verankert wurde. Das Ganze endete – wie viele ältere Kollegen aus eigener Erfahrung wissen – mit der Einsicht, dass Kinder an ihrer Lebenswirklichkeit orientierte Handlungsmöglichkeiten und Erfahrungsräume statt eines wirklichkeitsentfremdeten Physikunterrichts brauchen, der sie mit Formeln und Zeichen langweilt und überfordert.

Auf Grundlage dieser Überlegungen habe ich die vorliegende Werkstatt entwickelt und mehrfach im Unterricht erprobt. Dass bei Lehrkräften Bedarf an Materialien zum Thema Elektrizität besteht, ist mir bei der Moderation von Fortbildungen aufgefallen: Vielen Kolleginnen und Kollegen fehlt der fachwissenschaftliche Hintergrund oder sie möchten diesen gerne auffrischen. Das notwendige fachliche Grundwissen ist überschaubar und wird im Kapitel „Struktur der Unterrichtsreihe“ kurz zusammengefasst. Wer sich weitergehend informieren will, sei auf die gängigen Physikbücher der Mittelstufe des Gymnasiums verwiesen.

Aus meiner Erfahrung heraus begegnen die Kinder diesem Thema geschlechtsunabhängig sehr motiviert. Es kommt zu erstaunlichen Einsichten und Handlungsprodukten, die in einer Abschlussausstellung präsentiert werden können.

Eine Werkstatt lebt davon, ständig überarbeitet, verbessert oder erweitert zu werden. Wenn Ihnen Fehler und Unstimmigkeiten auffallen oder wenn Sie Verbesserungsvorschläge machen können, wäre ich Ihnen für eine Rückmeldung dankbar.

Ich wünsche Ihnen und den Kindern viel Freude bei der Werkstatt!

Lars Kreft

Hinweis: Zugunsten einer besseren Lesbarkeit wird im Folgenden weitgehend auf geschlechtsspezifische Formulierungen verzichtet.

Informationen für die Lehrerin und den Lehrer

In diesem Kapitel erfahren Sie, wie Sie eine Unterrichtsreihe zum Thema Elektrizität in Verbindung mit der im Mittelpunkt dieses Buches stehenden Werkstatt einfach und ohne großen Aufwand durchführen können. Sie erhalten Hinweise zur Struktur, Organisation und Vorbereitung der Werkstatt sowie Tipps zur Materialbeschaffung.

Struktur der Unterrichtsreihe

Die „Werkstatt Elektrizität" ist eingebunden in eine komplette Unterrichtsreihe mit dem Thema: „Was ist Elektrizität? – Phänomene aus Natur und Technik begreifen – ein Beitrag zum entdeckenden und handlungsorientierten Lernen". Ihr Verlauf wird im Folgenden beschrieben. Die Kinder arbeiten während der gesamten Unterrichtsreihe in einem „Forscherheft" (DIN A4 blanko ohne Rand) und sollten alle durchgeführten Versuche dort aufzeichnen. Ein Deckblatt für das Forscherheft findet sich auf Seite 22.

Übersicht über die Einzelthemen der Unterrichtsreihe

1. Was wir alles über Elektrizität wissen wollen – ein Brainstorming zur Entwicklung von Schülerinteressen und Fragen zum Thema Elektrizität
2. Versuche mit dem Luftballon (Statische Elektrizität)
3. Der Stromkreis oder: „Bring das Lämpchen zum Leuchten" – einfache Versuche mit Batterie, Glühlampe und Klingeldraht
4. Von der Sonne bis zur Steckdose: „Peter und die Kraft im Draht" – eine Fernsehsendung zur Kinderfrage „Woher kommt der Strom?" in Hinblick auf die Einführung „neuer" Medien im Sachunterricht
5. Orientierungsstunde für die Werkstatt – Einführung in den Umgang mit Material und Werkzeug und Expertenfestlegung
6. **Die Werkstatt Elektrizität: Bis zu 10 Stunden Experimentieren mit Strom – eine Werkstatt mit differenzierten Angeboten zum entdeckenden und handlungsorientierten Lernen in Hinblick auf eine Grundlegung primärer Handlungserfahrungen im Themenbereich Elektrizität**
7. Eine Ausstellung zur Elektrizität planen und durchführen – in Hinblick auf eine Präsentation der Handlungsprodukte der Werkstattarbeit

Geben Sie den Kindern nach einem Brainstorming zum Thema Elektrizität die **Einstiegsaufgabe**, einen aufgeblasenen Luftballon an ihrem Wollpullover zu reiben und anschließend knapp über den Kopf ihres Tischnachbarn zu halten. Das zu beobachtende Phänomen ist, dass der Luftballon die Haare anzieht. Da nicht jeder Pullover und Luftballon geeignet ist, sollte das Material getestet und ein geeigneter Pullover zur Sicherheit mitgebracht werden.
In einem **Reflexionsgespräch** sind die Kinder in der Lage zu begreifen, dass die Kraft, die in Form des Reibens investiert wurde, vom Luftballon wieder abgegeben wird. „Der Luftballon ist wie ein Magnet" ist eine der typischen Schüleräußerungen.

Im Anschluss daran werden die Kinder aufgefordert, zwei am Pullover geriebene Luftballons aneinanderzuhalten. Das Ergebnis: Die Ballons haben durch das Reiben Elektronen aufgenommen. Sie haben nun einen Elektronenüberschuss und stoßen sich gegenseitig ab. An dieser Stelle ist es Ihnen überlassen, weiterführende Erklärungen abzugeben, die über das direkt Begreifbare hinausgehen.

Ein solcher Lehrervortrag könnte so aussehen:

Alles um uns herum, auch der Luftballon, besteht aus **Atomen**, die so winzig klein sind, dass du sie auch unter einem Mikroskop nicht sehen kannst. Diese Atome bestehen aus einem festen Kern und einer Hülle. Der feste Kern besteht aus allerkleinsten Teilchen, den Neutronen und den **Protonen**. Die Protonen (+) sind positiv geladen. In der Hülle bewegen sich die **Elektronen** (–), die negativ geladen sind. Die Atome sind bemüht, immer möglichst gleich viele Protonen und Elektronen zu haben. Durch **Reibung** kann der Luftballon statisch aufgeladen werden. Dann wandern die Elektronen vom Wollpullover auf den Luftballon. Dieser wird negativ aufgeladen und hat dann mehr Elektronen, als er braucht, und möchte sie gern wieder abgeben. Deshalb zieht er andere Gegenstände an. An die kann er dann seine **negative Ladung** abgeben. Trifft der Luftballon aber auf einen Luftballon, der auch zu viele Elektronen hat, kann er diesem Ballon keine mehr geben und zieht ihn nicht an. Im Gegenteil stoßen sie sich sogar ab, weil beide die gleiche negative Ladung haben. Es ist wie mit den Magneten: Gleiche Pole stoßen sich ab, so wie sich gleiche Ladungen abstoßen.

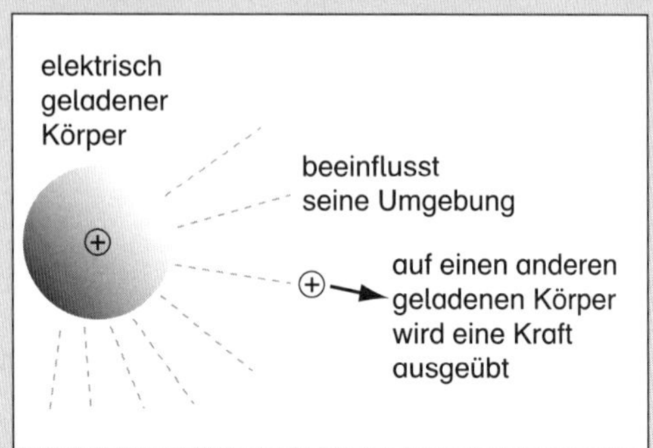

In der Umgebung des geriebenen Luftballons herrscht ein elektrisches Feld

Bei der nächsten **Aufgabe** sollen die Kinder eine kleine Glühlampe in Partnerarbeit zum Leuchten bringen. Stellen Sie ihnen dazu Flachbatterien und kleine Glühlampen bereit. In der Regel gelingt dies nach kurzer Zeit allen Kindern. Ein zuvor leicht abgedunkelter Raum erhöht noch den motivierenden Effekt dieses Versuchs.

Wichtig: Weisen Sie die Kinder darauf hin, dass Versuche mit Strom aus der Steckdose wegen der hohen Spannung lebensgefährlich sind! Versuche werden ausschließlich mit ungefährlichen Flachbatterien durchgeführt.

Zum Gelingen des Versuches muss die eine Batteriezunge das Kontaktplättchen und die andere die Fassung berühren. In einer Zwischenreflexion können nun die Bezeichnungen für die Batteriezungen (Pole) geklärt werden. Da die kleine Glühlampe kaum nähere Beobachtungen zulässt, gehen Sie wie folgt vor: Wickeln Sie eine in der Funktionsweise identische normale Glühlampe vor den Augen der Schüler in ein Tuch ein und zerstören Sie diese mit einem Hammer. Der entstehende laute Knall wird dadurch verursacht, dass das den Glaskörper ausfüllende Gas unter niedrigem Druck steht. Wäre kein Glaskörper um den glimmenden Draht herum, würde der Draht durch den Kontakt mit Luft sofort durchbrennen. Hier bietet es sich an, die Einzelteile einer Glühlampe und der Batterie auf einer Zeichnung zu beschriften (siehe Arbeitsblatt und Lösung, Seite 7/8).

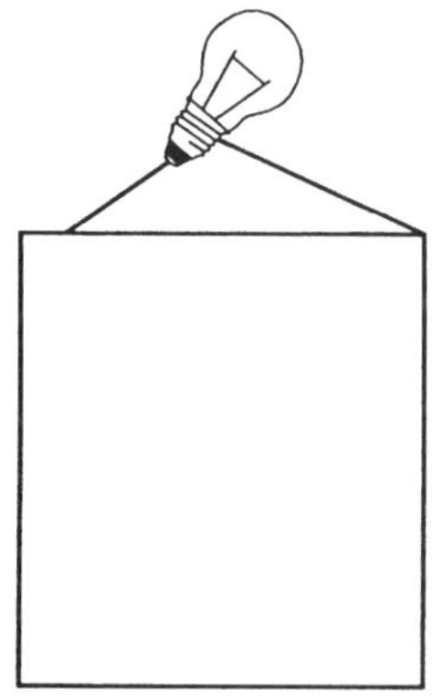

Glühlampe und Batterie
Arbeitsblatt

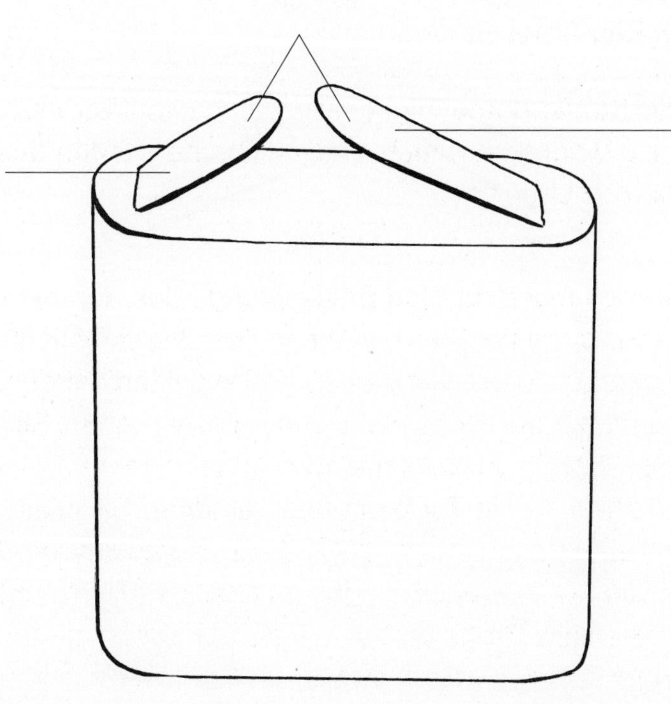

Glühlampe und Batterie
Lösung

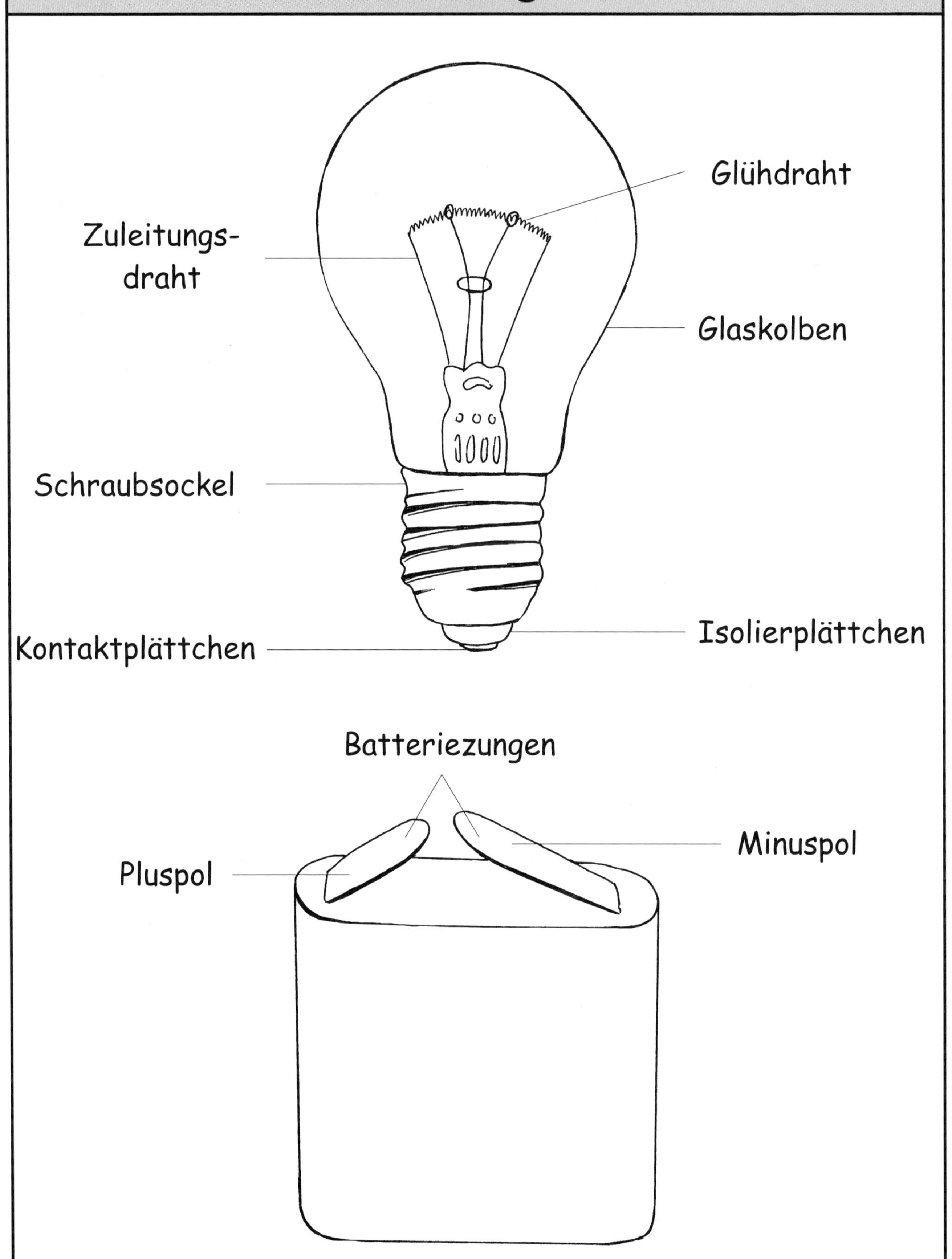

Weitere Sachinformationen zu Glühlampe und Batterie

Auf den Batterien findet sich eine Voltangabe und auf den kleinen Glühlampen eine Wattangabe. Die Einheit **Volt** bezeichnet die **Stromspannung**. Die Spannung ist vereinfacht die Geschwindigkeit, mit der sich die Elektronen durch den Leiter bewegen. Zur Veranschaulichung ist hier von Elektronenbewegungen die Rede. Die Spannung ist auch ein Maß für die **Gefährlichkeit** einer Stromquelle. Schülerversuche sollten nur mit einer Spannung von maximal 24 V durchgeführt werden.
Die Einheit **Watt** bezeichnet die **elektrische Leistung** (= Energieumsatz pro Zeiteinheit). Sie berechnet sich aus dem Produkt von **Stromspannung** und **Stromstärke**. Letztere wird mit der Einheit **Ampere** bezeichnet und ist ein Maß für die Anzahl der Elektronen, die sich durch den Leiter bewegt. Beispiel: Eine Fahrradlampe (6 V; 0,4 A) leistet 2,4 W.
Die Kinder begegnen bei dem Versuch, die Glühlampe zum Leuchten zu bringen, dem Phänomen des elektrischen Stroms. Die Batterie gibt Elektronen über den Minuspol (Batteriezunge mit Minus-Zeichen) ab. Die Elektronen fließen durch den Glühdraht im Inneren der Lampe zum Pluspol. Durch ihre ungeheure Geschwindigkeit bringen die Elektronen den Glühdraht zum Glühen, so wie Hände warm werden, wenn man sie reibt.

Tipp: Die Fernsehsendung „Peter und die Kraft im Draht" aus der ZDF-Serie „Löwenzahn" veranschaulicht die „Elektronenbewegung" als gegenseitiges Anstoßen, klärt die Begriffe Volt und Watt und geht der Frage nach: „Woher kommt der Strom?".
Nun sollen die Kinder in einer **Doppelstunde** mithilfe von bereitgestelltem Material eine Glühlampe zum Leuchten bringen, ohne dass die Lampe die Batterie berührt. Benötigtes Material: Glühlampenfassungen, Flachbatterien, Glühlampen, Werkzeugkiste, abisolierte Klingeldrahtstücke von ca. 10 cm Länge oder Klingeldraht und Abisolierzangen, kleine Pressspanplatten ca. 20 cm x 20 cm, nicht leitendes Material wie Wolle, Bindfaden etc. Die Befestigung des abisolierten (des vom Kunststoffmantel befreiten) Kabels an der Batteriezunge kann mit einer Büroklammer geschehen. Es genügt aber auch, den Draht einfach um die Batteriezunge zu wickeln. Beim Abisolieren der Kabel benötigen die Kinder auf jeden Fall Unterstützung. Hier kann auch die Leitfähigkeit unterschiedlicher Materialien thematisiert werden. Die Entdeckungen werden in einer Gesprächsrunde reflektiert und der hergestellte **Stromkreis** wird im Heft aufgezeichnet. Besprechen Sie die Vorteile von Symbolen (Übersichtlichkeit) und stellen Sie die Symbole für Stromquelle (hier Batterie), Leitung, Lampe und später Schalter vor.

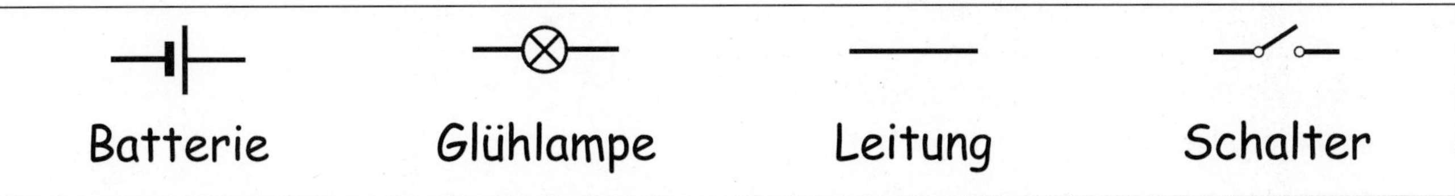

In den von den Kindern hergestellten Stromkreisen fließen die Elektronen vom Minuspol der Batterie durch den Draht zur Glühlampe, bringen diese zum Leuchten und fließen durch den Draht zum Pluspol der Batterie. An dieser Stelle wird die **Werkstatt** aufgebaut, an der die Kinder etwa zwei Wochen lang während des Sachunterrichtes arbeiten können.
Im Sinne eines **fächerübergreifenden Unterrichts** bietet die Herstellung eines Stromkreises Anlass, sich im Fach Deutsch mit Bastel- oder Arbeitsanweisungen auseinanderzusetzen. Im

Mathematikunterricht können die Kinder Sachaufgaben mit Inhalten zu Energiepreisen und Energieeinsparmöglichkeiten bearbeiten. Der Besuch einer Kraftwerksanlage veranschaulicht den Aspekt der Energieversorgung.
Die Handlungsprodukte der Kinder können zum Abschluss in einer **Ausstellung** präsentiert werden. Fotos, die während der Experimentierphase und der Werkstattarbeit gemacht worden sind, können dazu von den Kindern mit Texten versehen werden.

Vorbereitung der Werkstatt

Vor Beginn der Arbeit mit den Werkzeugen und den Materialien sollte der richtige Umgang damit besprochen und reflektiert werden. Bei den Glühlampenfassungen können die kleinen Schrauben, unter die das abisolierte Kabelende geschoben wird, nicht wieder hereingedreht werden, wenn sie einmal ganz herausgedreht sind. Zudem sind die kleinen Glühlämpchen sehr empfindlich und zerbrechen leicht. Experimente mit der Steckdose sind lebensgefährlich, daher werden ausschließlich Batterien (Flachbatterien) verwendet. Bereits zu Beginn der Unterrichtsreihe ist auf die Gefahren des Stroms hingewiesen worden.
Wenn die Kinder noch keine Erfahrungen mit der Durchführung von Experimenten sowie dem Aufzeichnen des Versuchsaufbaus, ihrer Beobachtungen und Vermutungen haben, sollte dies unbedingt vorher exemplarisch besprochen und gezeigt werden. Die in der Physik gebräuchliche Symbolik für Stromleiter, -verbraucher, -quelle und -schalter wird vor Beginn der Werkstatt im Rahmen der Unterrichtsreihe erarbeitet (siehe Seite 9). Dies verbessert die Übersichtlichkeit der Aufzeichnungen im Forscherheft. Es dauert erfahrungsgemäß einige Zeit, bis die Kinder den Umgang mit Experimenten verinnerlicht haben. Es lohnt sich, denn die erlernten Fähigkeiten und Fertigkeiten können auf andere Bereiche übertragen werden.

Organisation der Werkstatt

Die Werkstatt bietet strukturierte Lernangebote und Gelegenheit, die bereits gesammelten Erfahrungen handlungsintensiv zu vertiefen und auch Neues zu entdecken. Bewährt hat sich folgendes Vorgehen: Die Auftragskarten werden an der Fensterseite aufgehängt. Die dazugehörigen Arbeitsblätter liegen in einem Ablagefach vor der Auftragskarte, sodass die Kinder die Aufgaben an ihrem Platz erledigen können. Die Lernangebote sind unterteilt in die Bereiche:

- Elektrizität durch Reibung (Angebot 1 und 2),
- Stromlabor (Angebot 3 und 4),
- Leitfähigkeit (Angebot 5 und 6),
- Elektrische Geräte (Angebot 7 und 8),
- Energie und Umweltschutz (Angebot 9 und 10).

Um diese Struktur für die Kinder sichtbar zu machen, können die Auftragskarten entlang des äußeren Tabellenrandes ausgeschnitten, auf unterschiedlich farbige Bögen Buntpapier (DIN A4) geklebt und gegebenenfalls noch mit matter Laminierfolie (reflektiert nicht) laminiert werden. Es ist denkbar, aus jedem der fünf Bereiche ein Angebot als Pflichtaufgabe vorzugeben. Über Beobachtungen und ein Ablagefach, in dem die Kinder ihr Forscherheft, fertige und unvollendete Arbeiten legen, können Sie den Leistungsstand der Kinder überprüfen.
Über ein **Expertensystem** lässt sich die gegenseitige Hilfe organisieren und soziales Lernen fördern. Zu Beginn der Werkstatt können sich die Kinder für ein Lernangebot als Experte zur

Verfügung stellen, indem sie ein Namensschildchen am Rand der jeweiligen Auftragskarte befestigen. Zur Strukturierung der **Zwischenreflexionen** sind Karten hilfreich, die in die Mitte des Sitzkreises gelegt oder an der Tafel aufgehängt werden (4 Karten – für jede Richtung eine, damit alle Kinder einen Blick darauf haben). Auf den Karten steht:

- Was mir am besten gefallen hat
- Was ich schon mal vorstellen möchte
  (Nur wenn dadurch keine Ergebnisse vorweggenommen werden)
- Schwierigkeiten
- Tipps
- Woran ich weiterarbeiten möchte

Bei der **Abschlussreflexion** sollte jedes Angebot noch einmal in die Mitte des Gesprächskreises gelegt und besprochen werden, um die Ergebnisse auch für die Kinder zu sichern, die das Lernangebot nicht gewählt haben.

Tipps zur Materialbeschaffung

Sinnvoll ist es, die Kosten für das bereitgestellte Material, soweit es im Besitz der Kinder verbleibt (Zitterachterbahn, Elektroquiz), von den Eltern übernehmen zu lassen. Kopierkosten werden durch die Verwendung der Hefte reduziert. In vielen Schulen sind noch CVK-Kästen vorhanden, die Glühlampen und Fassungen sowie Kippschalter etc. enthalten. Das didaktische Begleitmaterial zu diesen Kästen ist allerdings überholt und nicht zu empfehlen. Elektronikversandhäuser (z. B. OPITEC) bieten auch im Internet günstig brauchbares Material an. Die dicken Kupferdrähte für die Zitterachterbahn finden Sie kostenlos bei ihrem Elektrofachgeschäft mit angeschlossener Werkstatt. Alte Starkstrom-Hausleitungen, die bei Sanierungsarbeiten der Elektriker in Altbauten anfallen, enthalten mehrere Einzelleitungen in ausreichender Stärke. Mit einem Teppich- oder Bastelmesser müssen sie von der isolierenden Kunststoffschicht befreit werden und können dann mit einem Seitenschneider zugeschnitten werden.

Arbeitsplan Sachunterricht – Elektrizität

Die Lehrpläne im Sachunterricht müssen von den Schulen in so genannte Arbeits- bzw. Bildungspläne umgesetzt werden. Das bedeutet konkret, dass schriftlich festgehalten wird, welches Thema in einem Jahrgang bearbeitet werden muss und welche Anforderungen im Einklang mit den Standards der Lehrpläne dabei an die Schüler gestellt werden. Der im Folgenden abgedruckte Arbeitsplan wurde beispielhaft auf einer von mir durchgeführten Fortbildung erarbeitet und kann hilfreich bei der Erstellung eines auf die Schule zugeschnittenen Arbeitsplans werden.

Arbeitsplan Sachunterricht - Elektrizität — Klasse: 3/4

Bereich/e	Aufgabenschwerpunkt/e	Unterrichtgegenstand
3.1 Natur und Leben	Elektrizität	Stromkreise herstellen und dabei Sicherheitsaspekte beachten
3.2 Technik und Arbeitswelt	Werkstoffe und Werkzeug	Bedeutsame Erfindungen und deren Weiterentwicklung kennenlernen
	Geräte und Maschinen	Einfache Geräte und Maschinen untersuchen, montieren und demontieren
	Formen und Wirkungen von Energie	Energiequellen und -formen (sowie Möglichkeiten der Energieeinsparung) kennenlernen/Wirkungen und Wandlungen von Kräften untersuchen

Thema: Elektrizität

Ausgangsbedingungen der Kinder	
Lernerfahrungen	**Entwicklungsstände**
Die Kinder haben aus dem vorangegangenen Unterricht und ihren außerschulischen Alltagserfahrungen in der Regel Vorwissen und Vorstellungen (Präkonzepte) zum Thema entwickelt. Die Kinder sind mit der Durchführung von Experimenten, offenen Unterrichtsformen sowie mit Partner- und Gruppenarbeit aus dem 1./2. Schuljahr vertraut.	Entwicklungspsychologisch betrachtet fördern bei Kindern dieser Altersstufe die konkrete Anschauung und handelnde Auseinandersetzung mit dem Unterrichtsgegenstand den Lernerfolg. Die Kinder verfügen über eine Neugier gegenüber naturwissenschaftlichen und technischen Zusammenhängen. Es ist aber nicht zu erwarten, dass „echte“ Konzeptwechsel, das heißt ein Ablösen der Präkonzepte durch wissenschaftliche Vorstellungen im naturwissenschaftlichen Bereich, stattfinden werden. Da die Transferleistung (Modell – Wirklichkeit) nicht von allen Kindern erbracht werden kann, werden durch Handlungshilfen, differenzierte Aufgabenstellungen oder durch Weitergabe von Tipps in den Reflexionsgesprächen entsprechende Hilfestellungen gegeben. Kinder können Strom nur durch dessen Wirkung erfahren.

Leistungsbewertung und Förderaspekte

Mündliche und praktische Leistungen
Aufbauen und durchführen von Versuchen
Umgang mit Werkzeug
Skizzen und Zeichnungen
Modelle anfertigen
Anfertigen eines Lerntagebuchs (Forscherheft)

Außerschulische Lernorte
Ggf. Besuch eines technisch-naturwissenschaftlichen Museums (Phenomenta (Dauerausstellung) in Lüdenscheid) und des Elektrizitätswerkes in Duisburg.

Kooperation
Ggf. Kooperation mit Eltern bei Herstellung der Zitterachterbahn/Verwendung des Spiels auf einem Schulfest

Verbindliche Anforderungen

Fähigkeiten und Fertigkeiten
- Fragehaltung aufbauen, Probleme identifizieren und Verfahren der Problemlösung anwenden
- Experimente und Arbeitswege allein und gemeinsam mit anderen planen, strukturieren, durchführen und auswerten
- Ergebnisse und Sachverhalte in unterschiedlichen Darstellungsformen (z. B. Listen, Tabellen, Stichwörter, Zeichnungen) dokumentieren und präsentieren (z. B. Versuchsprotokoll)
- einfache technische Gegenstände konstruieren, Modelle bauen und dabei Werkstoffe und Werkzeug sachgerecht einsetzen

Kenntnisse
- über Grundfunktionen einfacher Maschinen
- über Werkstoffe von Alltagsgegenständen
- über Energiequellen und ihre umweltschonende Nutzung

Einstellungen und Haltungen
- Offenheit und Wissbegier gegenüber technischen sowie sozialen Sachverhalten

Fachliche und fächerübergreifende Anliegen

Entdeckendes, problemlösendes und handlungsorientiertes Lernen
Kunst: Krippenbeleuchtung
Deutsch: Bastelanleitungen
Mathe: Sachaufgaben mit Energiepreisen

Unterrichtsgestaltung/Umsetzungsmöglichkeiten
Forscheraufgaben in Einzel-, Partner- oder Gruppenarbeit

Medien und Materialien
Forscheraufträge, Fragen zum Versuch, Erklärungen, Forscherheft, Batterien, Glühlampen, Leitungsdrähte, Fassungen, Heftzwecken, Büroklammern, Grundplatten oder Schuhkartons, Abisolierzangen, Schraubendreher, diverse Leiter und Nichtleiter, Kupferdraht

Auswertung des Unterrichtes
- Waren die Arbeitsaufträge für alle Kinder verständlich und umsetzbar in Hinblick auf kognitive, affektive und soziale Lernziele?
- Ermöglichten die Lernangebote entdeckendes, problemlösendes und handlungsorientiertes Lernen?
- Ermöglichten die Lernangebote soziales Lernen?
- Konnten ggf. vorhandene Ängste und Hemmungen abgebaut werden?

Didaktischer Kommentar zu den Angeboten

Die Werkstatt Elektrizität besteht aus zehn handlungsorientierten Angeboten. Dazu finden Sie im Folgenden Sachinformationen, Hinweise zu Sozialform und Medien sowie Tipps zur Vorbereitung und Durchführung der Angebote.

1. Elektrische Schlange

Die Kinder sollen im Experiment erfahren, dass durch Arbeit (hier: Reibung) Ladung entsteht. Sie zeichnen den Versuch, ihre Beobachtungen und ihre vermutete Erklärung des Versuches auf.

Sozialform
Einzel- oder Partnerarbeit

Medien
Auftragskarte, Versuchsanleitung, Seidenpapier, Plastiklöffel, Wollpullover oder Schal, Schere, Forscherheft, Erklärung

Material und Vorbereitung
Nicht jede Textilfaser eignet sich gleichermaßen gut für den Versuch. Mit Synthetik oder Wolle funktioniert es am besten. Das Gleiche gilt für die Plastiklöffel. Auch hier eignen sich nicht alle Kunststoffe für den Versuch. Sie sollten vorher ausprobieren, mit welchem Schal und Plastiklöffel es funktioniert. Es können auch bewusst zusätzlich Plastiklöffel und Textilien bereitgestellt werden, mit denen der Versuch schlecht oder gar nicht funktioniert, und die daraus entstehenden Probleme in einer Zwischenreflexion klären. Vorgeschnittene Schlangen verkürzen die Versuchsdauer. Die Versuchsanleitung liegt gegebenenfalls laminiert aus.

Durchführung
Vor dem Versuch lesen die Kinder die Anleitung. Sie schneiden aus Seidenpapier eine Schlange aus oder nehmen eine vorbereitete Schlange und halten über deren Kopf einen Plastiklöffel, der zuvor an einem Pullover oder Schal gerieben wurde. Ihre Beobachtungen notieren sie dann in ihrem Forscherheft. Probleme treten meistens dann auf, wenn der Plastiklöffel nicht lange genug gerieben wurde. Weisen Sie die Kinder im Vorfeld darauf hin.

2. Funkende Folie

Die Kinder sollen im Experiment erfahren, dass durch Arbeit (hier: Reibung) Ladung entsteht und diese Ladung in fließende Ladung (Strom) umgewandelt werden kann. Dies wird im Versuch mithilfe eines Glimmlämpchens sichtbar gemacht. Dazu reiben die Kinder mit dem Wollpullover oder Schal über die Klarsichtfolie des Schnellhefters, ziehen die Folie auseinander und halten ein Glimmlämpchen in den Zwischenraum. Es flackert auf.

Sozialform
Einzel- oder Partnerarbeit

Medien
Alufolie, Plastikschnellhefter, Wollpullover oder Schal, Glimmlämpchen, Versuchsanleitung, Erklärung, Stifte, Forscherheft

Material und Vorbereitung

Nicht jede Art von Schnellhefter eignet sich gleichermaßen gut für den Versuch. Sie sollten daher vorher ausprobieren, mit welchem Schal und Schnellhefter der Versuch funktioniert. Die Glimmlämpchen sind extrem empfindliche Glühlampen, die schon bei sehr geringer Ladung leuchten. Die Glimmlämpchen sind über den Elektronikversandhandel erhältlich. Die Versuchsanleitung liegt gegebenenfalls laminiert aus.

Durchführung

Nachdem der leere Schnellhefter intensiv mit dem Schal gerieben wurde, ist es wichtig, ihn ganz langsam aufzuschlagen. In der Regel kann man die Ladung sogar hören. Es knistert leicht, wenn die Ladung getrennt wird. Das Glimmlämpchen muss am Glühkörper angefasst werden und mit den beiden Polen voran langsam in den aufgeschlagenen Schnellhefter geführt werden. Hier ist es wichtig, dass diejenigen Kinder, deren Versuch erfolgreich war, sich als Experte zur Verfügung stellen und ihre Tipps weitergeben. Auftretende Probleme können auch zum Gegenstand einer Zwischenreflexion gemacht werden. Das Glimmen ist nur in einem abgedunkelten Raum gut zu erkennen.

3. Stromkreise und Schalter

Dieses Angebot gibt den Kindern die Möglichkeit, selbst Stromkreise mit verschiedenen Schaltern zu entwickeln, zu bauen und aufzuzeichnen oder auf Karten vorgegebene Stromkreise nachzubauen. Sie begreifen dabei die Notwendigkeit einer durchgängigen und leitfähigen Verbindung der Einzelteile im Stromkreis sowie die Funktionsweise von Schaltern und einfachen elektrischen Geräten.

Sozialform

Einzel- oder Gruppenarbeit

Medien

Glühlampen, Fassungen, Büroklammern, Blechstreifen, Flachbatterie, Klingeldraht, Haustürklingel, Holzbrett, Werkzeug, Nägel, Anleitungen 1–3, Stifte, Forscherheft

Material und Vorbereitung

Das Material ist wiederverwendbar und kann hinterher von den Kindern demontiert werden. Die Versuchsanleitungen können zur besseren Haltbarkeit laminiert werden.

Durchführung

Schon in der freien Experimentierphase zu Beginn der Unterrichtsreihe zeigen in der Regel einige Kinder erstaunliches Talent und probieren mit großer Begeisterung verschiedene Möglichkeiten von Schaltungen aus. Die Kinder sollten ihre Handlungsprodukte und Ergebnisse in einer Reflexionsphase präsentieren können. Dazu ist es notwendig, dass sie ihren Stromkreis aufzeichnen. Die Kinder im Vorfeld mit den in der Physik gebräuchlichen Symbolen vertraut zu machen und diese bei der Anfertigung vorzuschreiben, ist sinnvoll, aber nicht zwingend erforderlich. Sie können die Kinder darauf aufmerksam machen, dass die Wissenschaftler bestimmte Zeichen bei Schaltplänen vereinbart haben. Diese können auf Wunsch auch an einer Info-Pinnwand zum Thema visualisiert werden.

4. Wie funktioniert ein Dynamo?

Die Kinder lesen einen Text über die Funktionsweise eines Dynamos und versuchen mithilfe des Dynamos ein externes Glühlämpchen zum Leuchten zu bringen. In eigenen Worten erklären und notieren sie ihre Erklärungen.

Sozialform
Partner- oder Gruppenarbeit

Medien
Glühlampen, Fassungen, Klingeldraht, Werkzeug, Arbeitsblatt, Fahrrad, Forscherheft

Material und Vorbereitung
Bei einigen Fahrrädern der modernen Bauart ist der Anschluss des Klingeldrahtes an die Kontaktschraube und die Spule des Dynamos umständlich oder gar nicht möglich. Deshalb eignen sich ältere Fahrräder besser für den Versuch.

Durchführung
Wenn die Kinder nach Lesen des Arbeitsblattes den Versuch mit dem Dynamo durchführen möchten, muss das Fahrrad über einen Dynamo der älteren Bauart verfügen. Die Kinder benötigen bei diesem Versuch unter Umständen Ihre Unterstützung. Das Angebot sollte auf jeden Fall zum Gegenstand einer Reflexion gemacht werden. Es ist auch denkbar, das Thema mit der Verkehrserziehung zu verknüpfen und mögliche Fehler an der Fahrradbeleuchtung zu zeigen.

5. Bleistiftleiter

Die Kinder verbinden einen Bleistift, eine Schere und ein Glühlämpchen so, dass die Lampe leuchtet. Dabei sollen sie erfahren, dass die Graphitmine des Bleistifts und das Metall der Schere Strom leiten. Die Vermutungen und Beobachtungen zeichnen sie in ihrem Forscherheft auf. Das soziale Lernen wird durch die Versuchsanordnung gefördert, da hier Partnerarbeit erforderlich ist.

Sozialform
Partnerarbeit

Medien
Bleistift, Flachbatterie, Schere, Glühlampe, Versuchsanleitung, Erklärung, Forscherheft

Material und Vorbereitung
Viele Bleistifte sind an einem der Enden lackiert, sodass mit der Graphitmine nicht an beiden Enden ein direkter Kontakt zum Stromkreis hergestellt werden kann. In diesem Fall wird der Bleistift vorher auch am lackierten Ende angespitzt, bis die Graphitmine freigelegt ist. Es eignen sich nur solche Scheren, die keine isolierenden Kunststoffgriffe haben. Es ist daher zu empfehlen, eine geeignete Schere und einen zuvor vorbereiteten Bleistift bereitzustellen.

Durchführung
Da es schwierig ist, Schere, Bleistift, Flachbatterie und Glühlampe gleichzeitig zu halten, ist die Aufgabe nur in Partnerarbeit zu schaffen. Die Vorbereitung des Bleistiftes geschieht vor den Augen der Kinder, da sonst der Eindruck entstehen könnte, es handele sich um einen Spezialstift. Dass der Bleistift aus einer Graphitmine in einem Holzmantel besteht, wird in diesem Zusammenhang herausgearbeitet. Es sollte auch angesprochen werden, warum die Schere keine Kunststoffgriffe haben darf.

6. Was leitet Strom?

Die Kinder schätzen unterschiedliche Materialien auf ihre Leitfähigkeit ein, überprüfen ihre Vermutungen und tragen ihre Ergebnisse in einer Tabelle ein. Schon im Vorfeld der Werkstatt haben die Kinder bei der Konstruktion des Stromkreises erste Erfahrungen zur Leitfähigkeit gesammelt, die hier vertieft werden (vgl. *Struktur der Unterrichtsreihe*, Seite 5 ff.).

Sozialform
Einzel- oder Partnerarbeit

Medien
Unterschiedliche Gegenstände, selbst gebauter Leitfähigkeitsprüfer, Arbeitsblatt, Forscherheft

Material und Vorbereitung
Im Vorfeld der Werkstatt können Sie gemeinsam mit den Kindern überlegen, wie ein Strommessgerät aussehen müsste. Das Gerät kann dann ein Kind bauen. Bewährt hat sich folgende Bauweise: Das Messgerät zur Prüfung der Leitfähigkeit ist ein einfacher, auf einem Holzbrett montierter offener Stromkreis, dessen Leitung an einer Stelle unterbrochen ist. Die beiden offenen Enden werden an den Gegenstand gehalten. Leuchtet die Lampe, leitet das Material Strom. Die Stärke, mit der die Lampe leuchtet, ist abhängig von der Leitfähigkeit des Materials. Durch die einfache und offene Bauweise ist die Funktionsweise des Gerätes für die Kinder leichter nachzuvollziehen. Die Kinder können die Gegenstände, die sie auf ihre Leitfähigkeit untersuchen wollen, frei wählen. Das Arbeitsblatt wird entlang der Markierung ausgeschnitten und in das Forscherheft geklebt.

Durchführung
Die Kinder haben mitunter Schwierigkeiten zu bestimmen, aus welchem Material ihr ausgewählter Gegenstand besteht. Dieser Aspekt der Materialbestimmung ist daher Inhalt einer Zwischenreflexion und nicht Teil der Aufgabe auf dem Arbeitsblatt. Wenn vor Beginn der Werkstatt die Leitfähigkeit noch nicht thematisiert wurde, sollte dieses Angebot eine Pflichtaufgabe sein, die erledigt sein muss, bevor die beiden folgenden Angebote 7 und 8 bearbeitet werden können. Die Kenntnisse über die Leitfähigkeit sind Voraussetzung für das Bauen der Zitterachterbahn und des Elektroquiz.

7. Zitterachterbahn

Die Kinder haben hier die Möglichkeit, selbst eine Zitterachterbahn zu bauen. Dabei müssen sie eine Metallöse um einen gebogenen Kupferdraht bewegen, ohne diese zu berühren („heißer Draht"). Die Zitterachterbahn ist ein unterbrochener Stromkreis der durch Berührung geschlossen wird, so dass die Lampe leuchtet. Dieses handlungsintensive Angebot ermöglicht Einsichten in die Art und Weise, wie einfache elektrische Geräte funktionieren.

Sozialform
Einzel- oder Gruppenarbeit

Medien
Holzplatte (am besten Spanplatte), Schraubenzieher, Holzschrauben, Kupferdraht in unterschiedlichen Längen und Stärken, Fassung mit Glühlampe, Klingeldraht, Flachbatterie, Klettband, Bastelanleitung, Erklärung, Forscherheft

Material und Vorbereitung
Die als Grundplatten dienenden Spanplatten sind so weich, dass die kleinen Holzschrauben von den Kindern selbst in die Platte geschraubt werden können. Wenn Sperrholz- oder andere Holzplatten verwendet werden, benötigen die Kinder teilweise Hilfe beim Drehen der Schrauben in die Platte, um die Glühlampenfassungen zu befestigen. Der Kupferdraht sollte nicht zu dick sein, damit er von den Kindern selbst gebogen werden kann. Da die Zitterachterbahn in den Händen der Kinder verbleibt, sollte ein entsprechender Unkostenbeitrag (etwa 2 bis 3 Euro pro Kind) eingesammelt werden.

Durchführung
Die kleinen Kontaktschrauben am Sockel der verwendeten Glühlampenfassungen lassen sich gar nicht oder nur sehr schwierig wieder hereindrehen, wenn sie zu weit oder ganz abgeschraubt werden. Die Kinder sollten unbedingt vorab darauf hingewiesen werden, die Schrauben nur so weit herauszudrehen, wie es nötig ist, um das abisolierte Ende des Klingeldrahtes darunterzuschieben.

8. Elektroquiz

Die Kinder bauen mithilfe der Bastelanleitung selbst ein Elektroquiz. Dabei üben sie sich im Umgang mit Werkzeug und machen Erfahrungen zur Funktionsweise einfacher elektrischer Geräte.

Sozialform
Einzel- oder Gruppenarbeit

Medien
Holzplatte, Schraubenzieher, Holzschrauben, Fassung und Glühlämpchen, Klingeldraht, Flachbatterie, Klettband, Musterklammern, Bastelmesser, Laminiergerät, Bastelanleitungen 1 und 2, Erklärung, Beispiel-Auflagen 1 und 2

Material und Vorbereitung
Das Elektroquiz besteht aus einer kleinen Sperrholzplatte (ca. 250 x 250 mm), auf der eine Flachbatterie mit einem Stück Klettband befestigt sowie eine Fassung mit einem Glühlämpchen angeschraubt ist. Die Batterie kann auch mit einer Heißklebepistole oder mit Alleskleber befestigt werden, was allerdings den Batteriewechsel erschwert. Batterie und Fassung werden mit Klingeldraht verbunden. Ein zweiter Klingeldraht wird an einem Ende mit der zweiten Batteriezunge verbunden, während das andere Ende um eine Schraube gewickelt wird. Ein dritter Draht wird an der Fassung der Glühlampe angebracht, dessen anderes Ende wiederum um eine Schraube gewickelt wird. Es ist zu empfehlen, die Löcher für die Schrauben auf der Holzplatte vorzubohren sowie die von den Kindern hergestellten Auflagen zu laminieren. Die Auflagen gewinnen so die nötige Stabilität, um die Verkabelung vornehmen zu können.
Da das Elektroquiz im Besitz der Kinder verbleibt, sollte vorab ein Unkostenbeitrag von 2 bis 3 Euro eingesammelt werden.

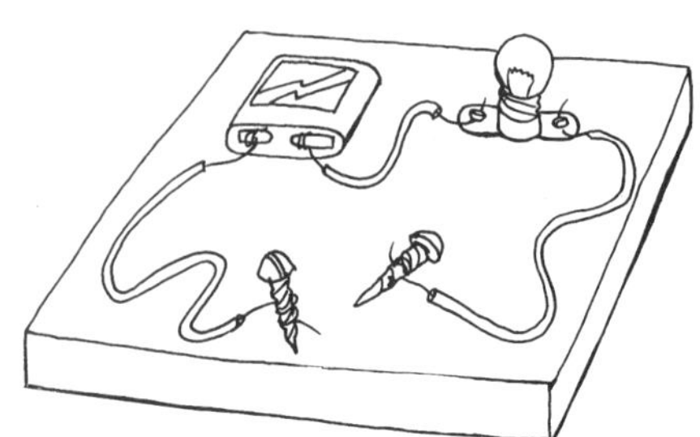

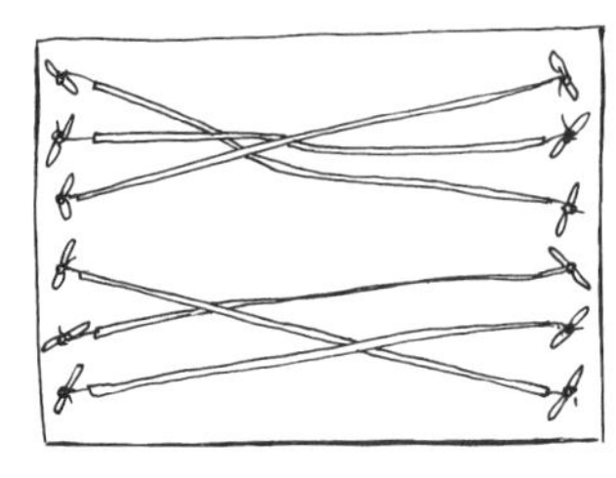

Durchführung

Wie das Elektroquiz und die Auflagen gebastelt werden, entnehmen die Kinder den Anleitungen. Wichtige Hinweise: Die Kontakte der Kabel mit den Musterklammern können von den Kindern nicht gelötet werden. Es ist auch nicht unbedingt notwendig. Das abisolierte Kabelende lässt sich mühelos um die Musterklammer wickeln, sodass ausreichend Kontakt hergestellt ist. Damit die Kabel nicht zu lose sind, können sie mit Klebestreifen auf der Rückseite der Vorlage befestigt werden. Der Abstand der Punkte, an denen die Musterklammern durch die Auflage gesteckt werden, sollte nicht zu eng sein. Vier bis fünf Musterklammern jeweils links und rechts am Seitenrand der Auflage reichen aus. Das bedeutet, dass auch nicht mehr als vier bis fünf Fragen mit den dazugehörigen falschen und richtigen Antworten auf einer Auflage Platz finden. (Hinweis: Auf Seite 46/47 gibt es zwei Beispiele für Auflagen.)
Nach dem Basteln können die Kinder ihre Auflagen austauschen und bearbeiten. Dazu halten die Kinder die Schrauben, die mit den offenen Enden des Klingeldrahtes umwickelt sind, an eine Frage und die ihrer Meinung nach richtige Antwort. Es fließt nur Strom (mit dem Ergebnis, dass die Lampe leuchtet), wenn die passenden Fragen und Antworten miteinander verbunden werden.

9. Woher kommt der Strom?

Die Kinder lernen unterschiedliche Arten der Energiegewinnung kennen und unterstreichen Vor- und Nachteile der Kraftwerkstypen.

Sozialform
Einzel- oder Partnerarbeit

Medien
Lesetext, Sachbücher, Lösung, Forscherheft

Material und Vorbereitung

Es ist sinnvoll, den Kindern zusätzliches Infomaterial in Form von Sachbüchern, Postern, Zeitschriften oder Broschüren zum Thema bereitzustellen.

Durchführung

Nach Abschluss der Arbeit schneiden die Kinder das Arbeitsblatt entlang der äußeren Linie aus und kleben es in ihr Forscherheft. Dieses Lernangebot eignet sich gut für die Abschlussreflexion. Die Ergebnisse können dann mit der ganzen Klasse diskutiert werden.

10. Stromdetektiv

In der Querschnittszeichnung eines Hauses suchen die Kinder die elektrischen Geräte (Stromverbraucher) und malen sie bunt aus. Sie benennen die elektrischen Geräte, schreiben sie auf und stellen Überlegungen zu Möglichkeiten des Stromsparens an.

Sozialform
Einzel- oder Partnerarbeit

Medien
Arbeitsblatt, Lösung, Bleistift, Buntstifte, Schere, Kleber, Forscherheft

Material und Vorbereitung

Entscheiden sich die Kinder für Partnerarbeit, sollte dennoch jedes Kind ein Arbeitsblatt ausfüllen.

Durchführung

Nach dem Bearbeiten des Arbeitsblattes schneiden die Kinder das Blatt entlang der äußeren Linie aus und kleben es in ihr Heft. Die Ergebnisse werden im Rahmen der Abschlussreflexion besprochen.

Literaturtipps

EW Medien und Kongresse: Auf den Spuren der Energie. Essen 2015.

Hennemann, Laura: Was ist was? Energie. Was die Welt antreibt. Neuauflage Band 3. Nürnberg 2013.

Hoenecke, Christian: Experimentieren mit Strom. Kopiervorlagen und Materialien. Berlin 2008.

Krekeler, Hermann: Neue spannende Experimente. Total easy. Ravensburg 2011.

Oberdorfer, Gerd: Das springende Ei und andere Experimente für die fünf Sinne. Bern 2000.

Parker, Steve: Elektrizität. Von den ersten elektrostatischen Versuchen mit Bernstein bis zur Erfindung der drahtlosen Kommunikation. Gerstenberg 2002.

Press, Hans Jürgen: Spiel – das Wissen schafft. Mit über 400 Experimenten zum Beobachten der Natur. Ravensburg 2011.

Übelacker, Erich: Was ist was? Energie. Band 3. Nürnberg 2010.

Werkstatt zur Elektrizität

Arbeitsplan des Forschers/der Forscherin: ______________________

Bereich	Angebote	✔	L
Elektrizität durch Reibung	1. Elektrische Schlange		
	2. Funkende Folie		
Stromlabor	3. Stromkreise und Schalter		
	4. Wie funktioniert ein Dynamo?		
Leitfähigkeit	5. Bleistiftleiter		
	6. Was leitet Strom?		
Elektrische Geräte	7. Zitterachterbahn		
	8. Elektroquiz		
Energie und Umweltschutz	9. Woher kommt der Strom?		
	10. Stromdetektiv		

✔ Hier hakst du ab, wenn du mit dem Angebot fertig bist.
L Hier hakt die Lehrerin/der Lehrer ab.

Werkstatt zur Elektrizität

Forscherheft

Name: ____________________

Elektrische Schlange

Hier kannst du mit einem Zaubertrick eine Schlange beschwören.
Sie richtet sich wie ein lebendes Reptil auf.

Deine Aufgabe:

1. Lies die Anleitung.
2. Führe den Zaubertrick durch.
3. Wenn du wissen möchtest, wie die Wissenschaftler den Zaubertrick begründen, lies die Erklärung.

Für diese Aufgabe benötigst du:

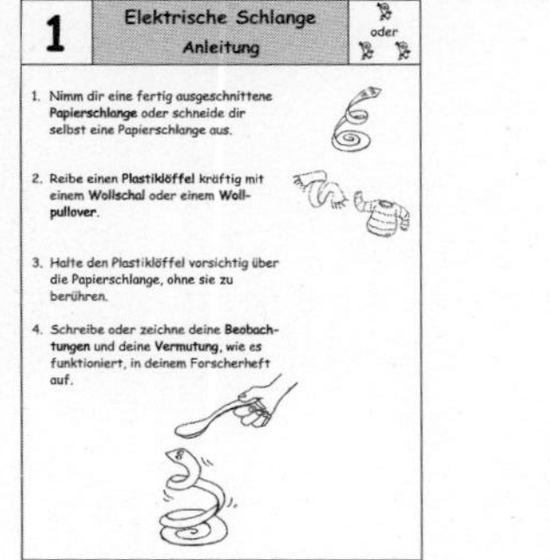

1 Elektrische Schlange – Anleitung – oder

1. Nimm dir eine fertig ausgeschnittene **Papierschlange** oder schneide dir selbst eine Papierschlange aus.
2. Reibe einen **Plastiklöffel** kräftig mit einem **Wollschal** oder einem **Wollpullover**.
3. Halte den Plastiklöffel vorsichtig über die Papierschlange, ohne sie zu berühren.
4. Schreibe oder zeichne deine **Beobachtungen** und deine **Vermutung**, wie es funktioniert, in deinem Forscherheft auf.

Anleitung

Plastik-
löffel

Papierschlange oder
Schere und Seidenpapier

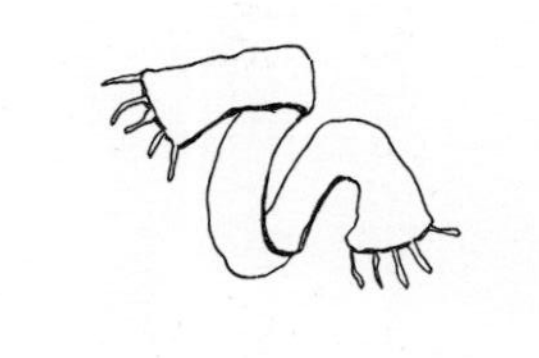

Schal oder
Wollpullover

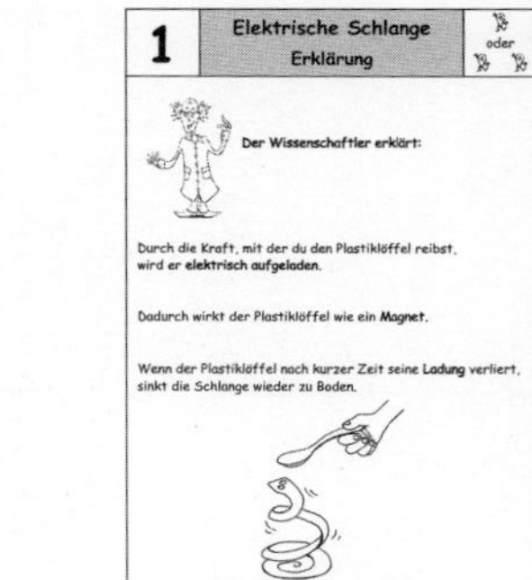

1 Elektrische Schlange – Erklärung – oder

Der Wissenschaftler erklärt:

Durch die Kraft, mit der du den Plastiklöffel reibst, wird er **elektrisch aufgeladen**.

Dadurch wirkt der Plastiklöffel wie ein **Magnet**.

Wenn der Plastiklöffel nach kurzer Zeit seine **Ladung** verliert, sinkt die Schlange wieder zu Boden.

Erklärung

1	**Elektrische Schlange** **Anleitung**	

1. Nimm dir eine fertig ausgeschnittene **Papierschlange** oder schneide dir selbst eine Papierschlange aus.

2. Reibe einen **Plastiklöffel** kräftig mit einem **Wollschal** oder einem **Wollpullover**.

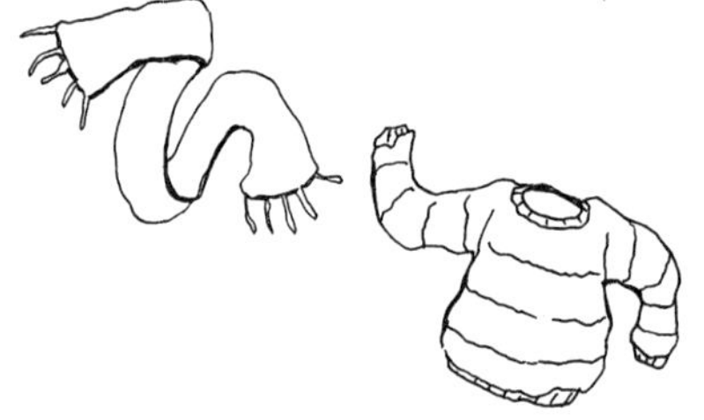

3. Halte den Plastiklöffel vorsichtig über die Papierschlange, ohne sie zu berühren.

4. Schreibe oder zeichne deine **Beobachtungen** und deine **Vermutung**, wie es funktioniert, in deinem Forscherheft auf.

1	Elektrische Schlange Erklärung	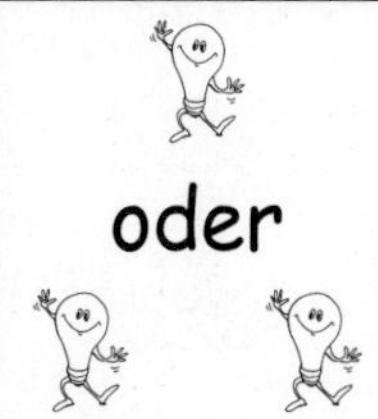

Der Wissenschaftler erklärt:

Durch die Kraft, mit der du den Plastiklöffel reibst, wird er **elektrisch aufgeladen**.

Dadurch wirkt der Plastiklöffel wie ein **Magnet**.

Wenn der Plastiklöffel nach kurzer Zeit seine **Ladung** verliert, sinkt die Schlange wieder zu Boden.

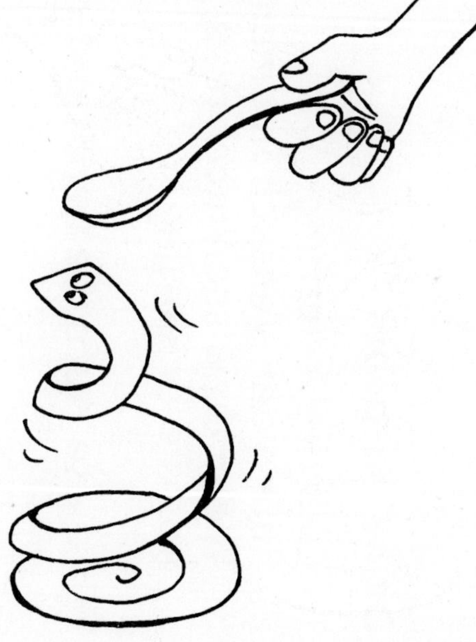

Funkende Folie

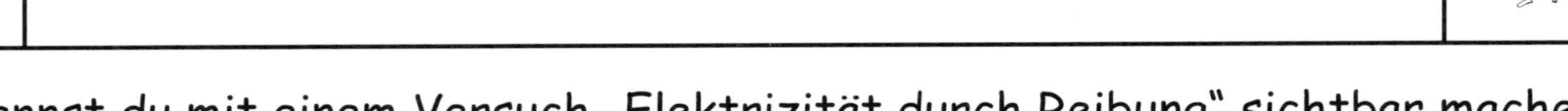

oder

Hier kannst du mit einem Versuch „Elektrizität durch Reibung“ sichtbar machen.

Deine Aufgabe:

1. Lies die Anleitung.
2. Führe den Versuch in einem abgedunkelten Raum durch.
3. Wenn du wissen möchtest, wie die Wissenschaftler den Versuch erklären, lies die Erklärung.

Für diese Aufgabe benötigst du:

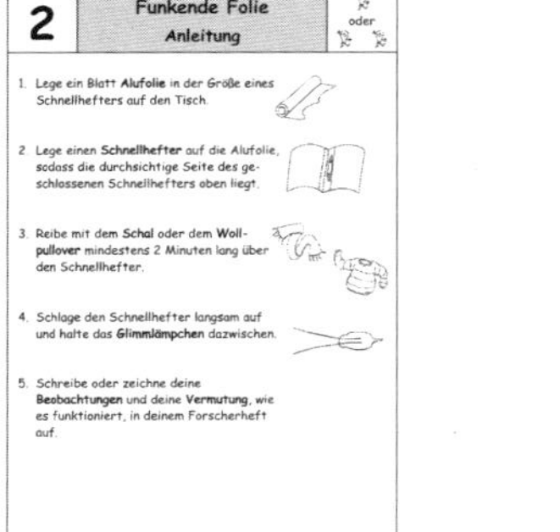

2 Funkende Folie Anleitung

1. Lege ein Blatt **Alufolie** in der Größe eines Schnellhefters auf den Tisch.
2. Lege einen **Schnellhefter** auf die Alufolie, sodass die durchsichtige Seite des geschlossenen Schnellhefters oben liegt.
3. Reibe mit dem **Schal** oder dem **Wollpullover** mindestens 2 Minuten lang über den Schnellhefter.
4. Schlage den Schnellhefter langsam auf und halte das **Glimmlämpchen** dazwischen.
5. Schreibe oder zeichne deine **Beobachtungen** und deine **Vermutung**, wie es funktioniert, in deinem Forscherheft auf.

Anleitung

Plastikschnell-hefter

Alufolie

Wollpullover oder Schal

Glimmlämpchen

2 Funkende Folie Erklärung

Der Wissenschaftler erklärt:

Durch das Reiben erzeugst du auf der Folie eine **Ladung**. Wenn du den Schnellhefter langsam auseinanderziehst, trennt das die Ladung zusätzlich noch einmal.

So entsteht eine **Spannung** zwischen beiden Folien.

Diese kannst du spüren, hören und sogar zeigen: mit der **Glimmlampe**.

Erklärung

2 Funkende Folie

Anleitung

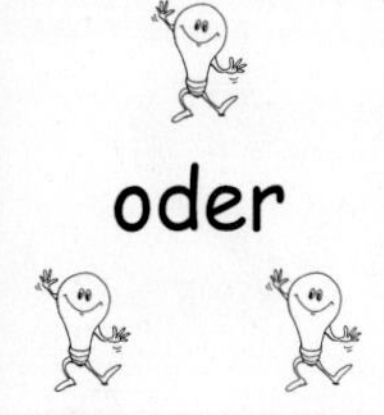

1. Lege ein Blatt **Alufolie** in der Größe eines Schnellhefters auf den Tisch.

2. Lege einen **Schnellhefter** auf die Alufolie, sodass die durchsichtige Seite des geschlossenen Schnellhefters oben liegt.

3. Reibe mit dem **Schal** oder dem **Wollpullover** mindestens 2 Minuten lang über den Schnellhefter.

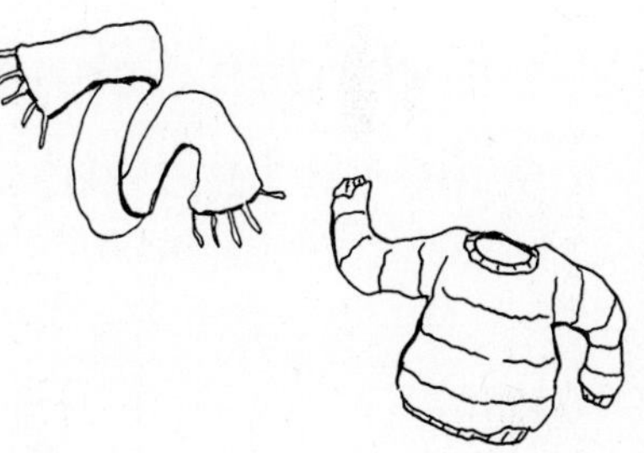

4. Schlage den Schnellhefter langsam auf und halte das **Glimmlämpchen** dazwischen.

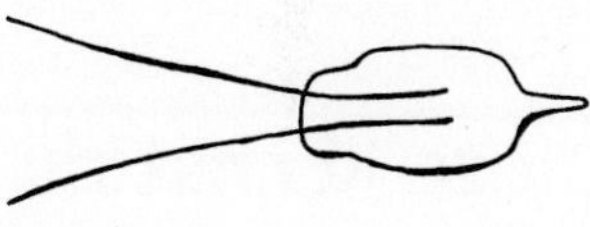

5. Schreibe oder zeichne deine **Beobachtungen** und deine **Vermutung**, wie es funktioniert, in deinem Forscherheft auf.

2	**Funkende Folie** **Erklärung**	 oder

Der Wissenschaftler erklärt:

Durch das Reiben erzeugst du auf der Folie eine **Ladung**.
Wenn du den Schnellhefter langsam auseinanderziehst, trennt das die Ladung zusätzlich noch einmal.

So entsteht eine **Spannung** zwischen beiden Folien.

Diese kannst du spüren, hören und sogar zeigen:
mit der **Glimmlampe**.

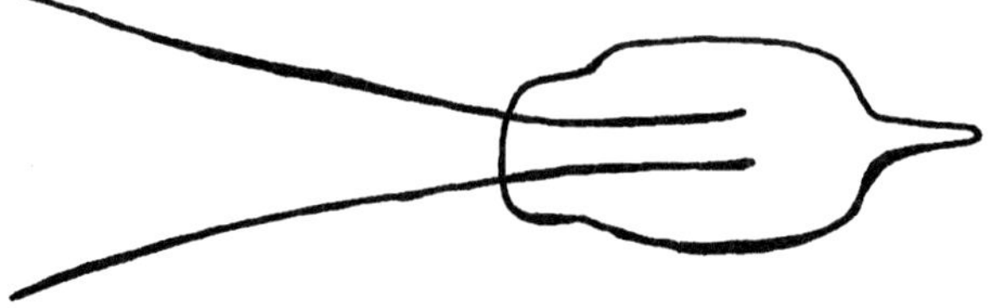

Stromkreise und Schalter

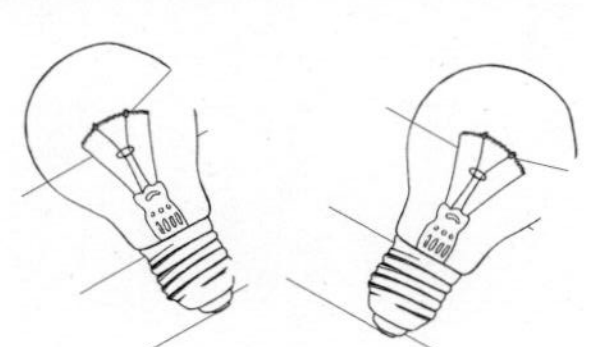

Hier kannst du entweder selbst Stromkreise erfinden oder eine der Versuchsanleitungen wählen.

Deine Aufgabe:

- Wähle eine der Versuchsanleitungen *oder*
- erfinde selbst einen Stromkreis und zeichne ihn in dein Heft, sodass andere ihn nachbauen können.

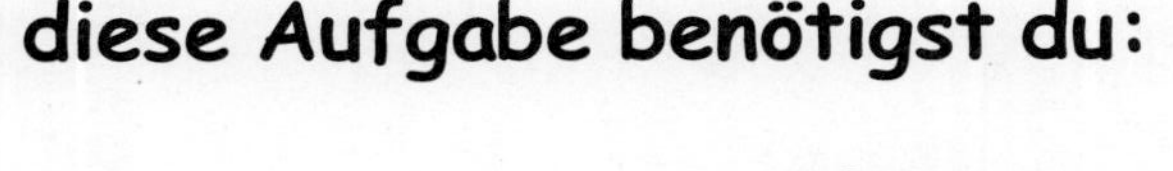

Für diese Aufgabe benötigst du:

Glühlampen in Fassungen

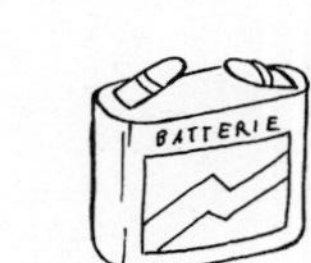

Flachbatterie

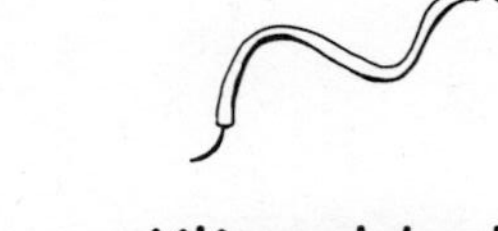

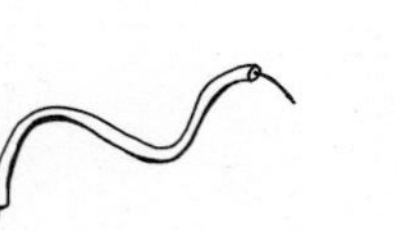

Klingeldraht

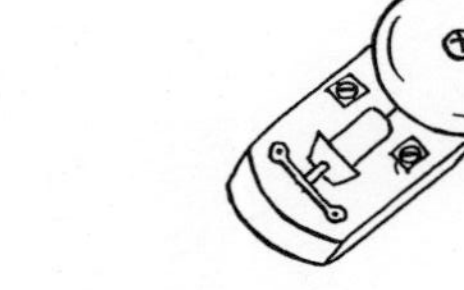

Haustürklingel

Holzbrett

Werkzeug und Nägel

Büroklammer

Blechstreifen

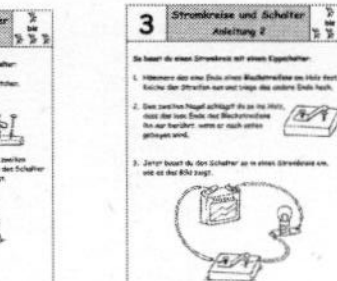

Anleitungen 1–3

3 Stromkreise und Schalter

Anleitung 1

So baust du einen Stromkreis mit einem Drehschalter:

1. Als Erstes schlägst du einen Nagel in das Brettchen. Den zweiten Nagel schlägst du ungefähr **2 cm** vom ersten entfernt ins Brettchen.

2. Auf einem Nagel befestigst du die **Büroklammer** jetzt so, wie es auf der Zeichnung zu sehen ist.

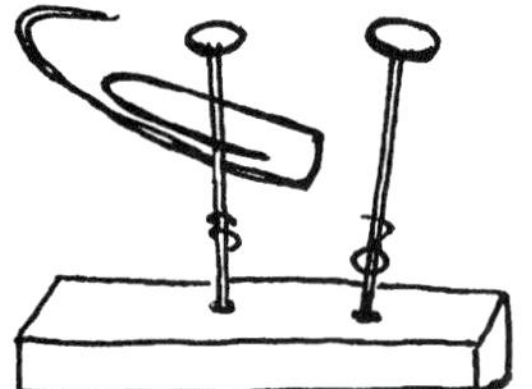

3. Wenn du die Klammer drehst, berührt sie den zweiten Nagel. Fertig ist der Schalter! Jetzt baust du den Schalter so in einen Stromkreis ein, wie es das Bild zeigt.

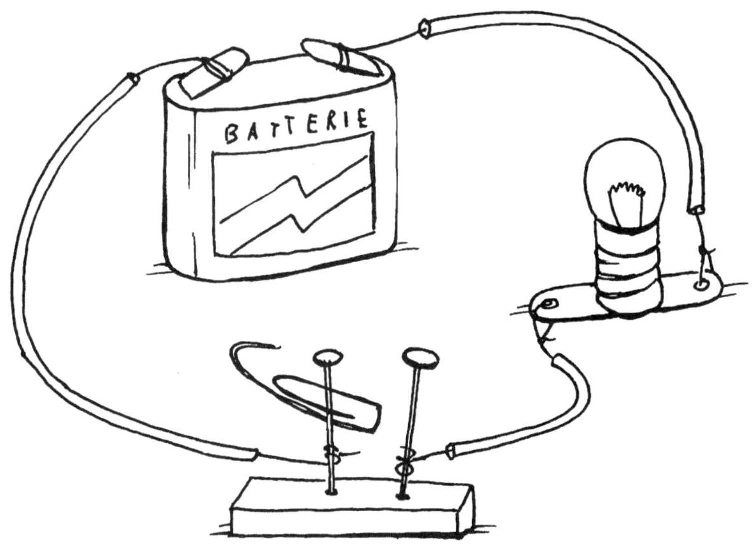

Beantworte diese Frage in deinem Forscherheft:

Was musst du tun, damit die Lampe leuchtet?

3 Stromkreise und Schalter
Anleitung 2

So baust du einen Stromkreis mit einem Kippschalter:

1. Hämmere das eine Ende eines **Blechstreifens** am Holz fest. Knicke den Streifen nun und biege das andere Ende hoch.

2. Den zweiten Nagel schlägst du so ins Holz, dass das lose Ende des Blechstreifens ihn nur berührt, wenn er nach unten gebogen wird.

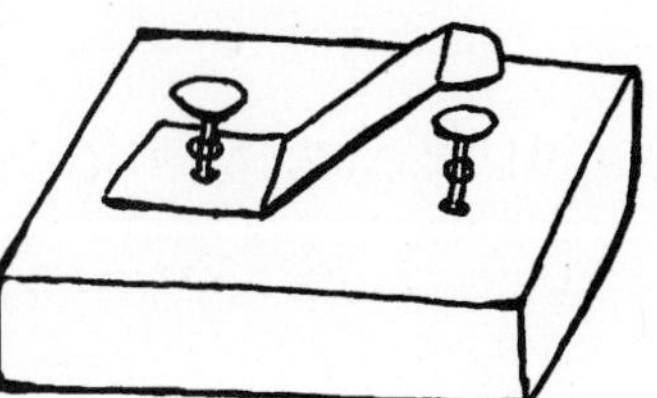

3. Jetzt baust du den Schalter so in einen Stromkreis ein, wie es das Bild zeigt.

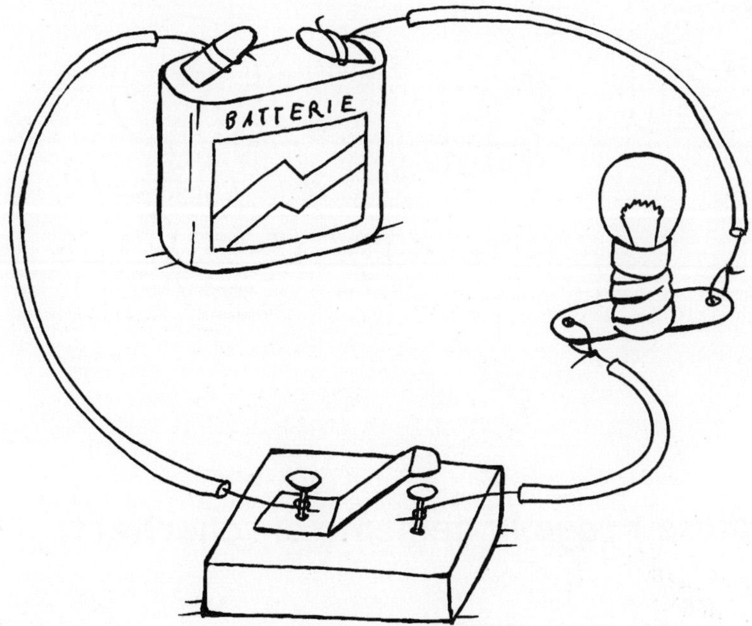

Beantworte diese Frage in deinem Forscherheft:

Was musst du tun, damit die Lampe leuchtet?

3 Stromkreise und Schalter

Anleitung 3

So baust du eine Klingel in einen Stromkreis ein:

Verbinde die Batterien, die Fassung des Lämpchens, die Klingel und den Schalter so miteinander, wie es auf der Zeichnung zu sehen ist.

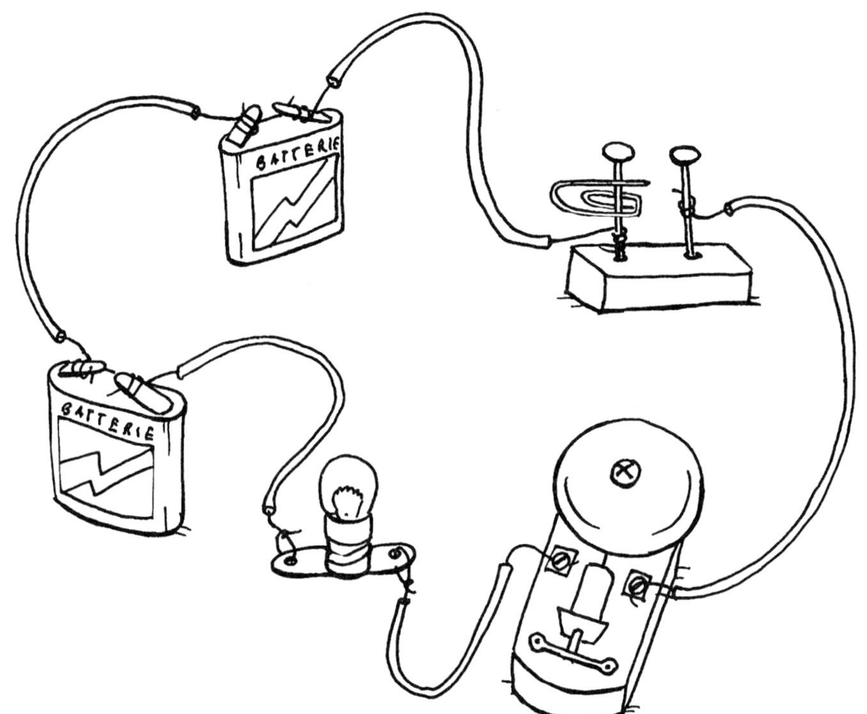

Beantworte diese Frage in deinem Forscherheft:

Was musst du tun, damit es klingelt?

4 Wie funktioniert ein Dynamo?

Hier könnt ihr erfahren, wie ein Dynamo Strom erzeugt.

Eure Aufgabe:

1. Lest den Text auf dem Arbeitsblatt.
2. Versucht, ein Glühlämpchen mithilfe des Dynamos zum Leuchten zu bringen. Schaut euch dazu das Bild auf dem Arbeitsblatt genau an.
3. Erklärt in eigenen Worten, warum die Lampe am Fahrrad ohne Batterie leuchtet. Schreibt die Antworten in euer Forscherheft.

Für diese Aufgabe benötigt ihr:

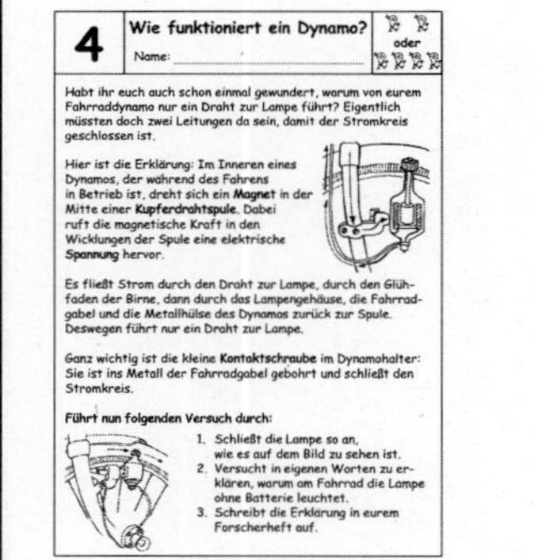

4 Wie funktioniert ein Dynamo?
Name:
oder

Habt ihr euch auch schon einmal gewundert, warum von eurem Fahrraddynamo nur ein Draht zur Lampe führt? Eigentlich müssten doch zwei Leitungen da sein, damit der Stromkreis geschlossen ist.

Hier ist die Erklärung: Im Inneren eines Dynamos, der während des Fahrens in Betrieb ist, dreht sich ein **Magnet** in der Mitte einer **Kupferdrahtspule**. Dabei ruft die magnetische Kraft in den Wicklungen der Spule eine elektrische **Spannung** hervor.

Es fließt Strom durch den Draht zur Lampe, durch den Glühfaden der Birne, dann durch das Lampengehäuse, die Fahrradgabel und die Metallhülse des Dynamos zurück zur Spule. Deswegen führt nur ein Draht zur Lampe.

Ganz wichtig ist die kleine **Kontaktschraube** im Dynamohalter: Sie ist ins Metall der Fahrradgabel gebohrt und schließt den Stromkreis.

Führt nun folgenden Versuch durch:

1. Schließt die Lampe so an, wie es auf dem Bild zu sehen ist.
2. Versucht in eigenen Worten zu erklären, warum am Fahrrad die Lampe ohne Batterie leuchtet.
3. Schreibt die Erklärung in eurem Forscherheft auf.

Arbeitsblatt

Glühlampen in Fassungen

Klingeldraht

Fahrrad

4 Wie funktioniert ein Dynamo?

Name: ______________________________

Habt ihr euch auch schon einmal gewundert, warum von eurem Fahrraddynamo nur ein Draht zur Lampe führt? Eigentlich müssten doch zwei Leitungen da sein, damit der Stromkreis geschlossen ist.

Hier ist die Erklärung: Im Inneren eines Dynamos, der während des Fahrens in Betrieb ist, dreht sich ein **Magnet** in der Mitte einer **Kupferdrahtspule**. Dabei ruft die magnetische Kraft in den Wicklungen der Spule eine elektrische **Spannung** hervor.

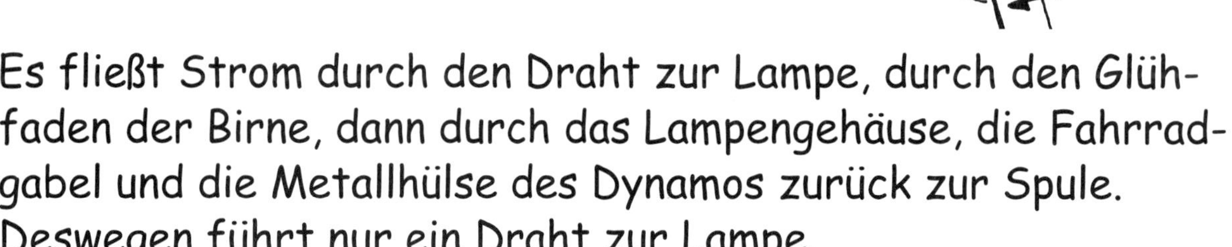

Es fließt Strom durch den Draht zur Lampe, durch den Glühfaden der Birne, dann durch das Lampengehäuse, die Fahrradgabel und die Metallhülse des Dynamos zurück zur Spule. Deswegen führt nur ein Draht zur Lampe.

Ganz wichtig ist die kleine **Kontaktschraube** im Dynamohalter: Sie ist ins Metall der Fahrradgabel gebohrt und schließt den Stromkreis.

Führt nun folgenden Versuch durch:

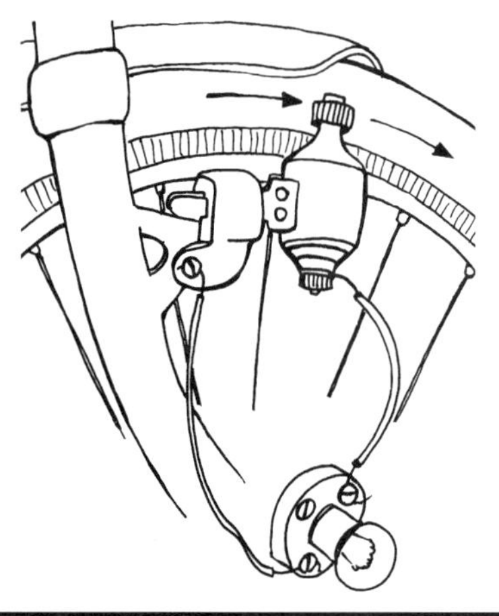

1. Schließt die Lampe so an, wie es auf dem Bild zu sehen ist.
2. Versucht in eigenen Worten zu erklären, warum am Fahrrad die Lampe ohne Batterie leuchtet.
3. Schreibt die Erklärung in eurem Forscherheft auf.

Bleistiftleiter

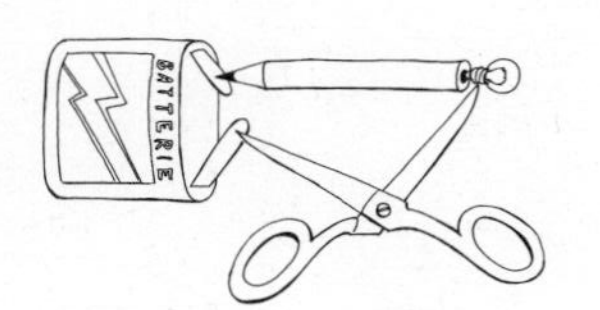

Bleistifte haben eine Graphitmine. Hier könnt ihr erfahren, ob ein Bleistift und eine Schere Strom leiten. Was vermutet ihr?

Eure Aufgabe:

1. Lest die Versuchsanleitung.
2. Überprüft eure Vermutung, indem ihr den Versuch durchführt.
3. Wenn ihr wissen möchtet, wie die Wissenschaftler den Versuch erklären, lest die Erklärung.

Für diese Aufgabe benötigt ihr:

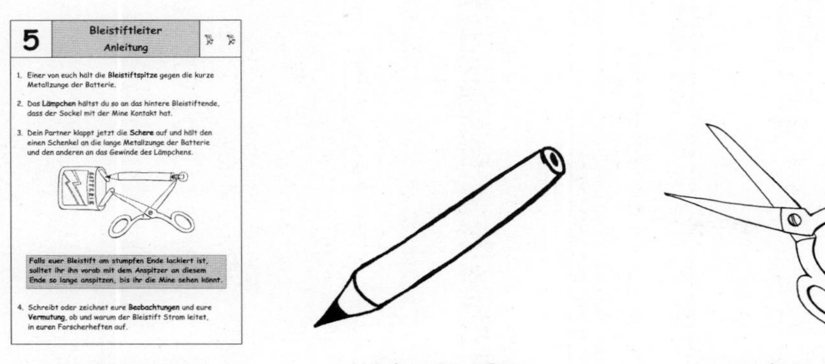

5 Bleistiftleiter Anleitung

1. Einer von euch hält die **Bleistiftspitze** gegen die kurze Metallzunge der Batterie.
2. Das **Lämpchen** hältst du so an das hintere Bleistiftende, dass der Sockel mit der Mine Kontakt hat.
3. Dein Partner klappt jetzt die **Schere** auf und hält den einen Schenkel an die lange Metallzunge der Batterie und den anderen an das Gewinde des Lämpchens.

Falls euer Bleistift am stumpfen Ende lackiert ist, solltet ihr ihn vorab mit dem Anspitzer an diesem Ende so lange anspitzen, bis ihr die Mine sehen könnt.

4. Schreibt oder zeichnet eure **Beobachtungen** und eure **Vermutung**, ob und warum der Bleistift Strom leitet, in euren Forscherheften auf.

Anleitung

Bleistift

Schere

Flachbatterie

Glühlampe

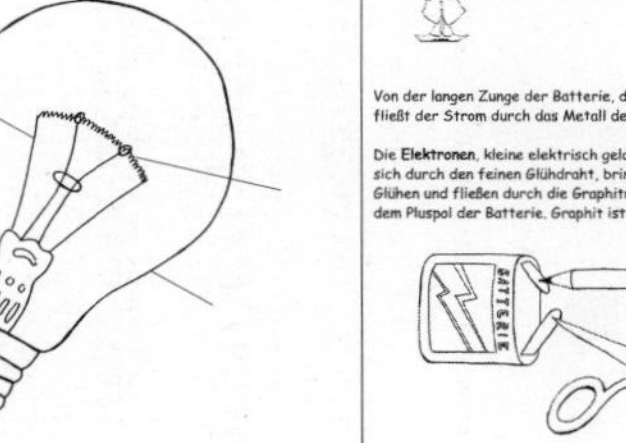

5 Bleistiftleiter Erklärung

Der Wissenschaftler erklärt:

Von der langen Zunge der Batterie, dem Minuspol, fließt der Strom durch das Metall der Schere zur Lampe.

Die **Elektronen**, kleine elektrisch geladene Teilchen, zwängen sich durch den feinen Glühdraht, bringen ihn dadurch zum Glühen und fließen durch die Graphitmine zur kurzen Zunge, dem Pluspol der Batterie. Graphit ist ein guter Leiter.

Erklärung

5 Bleistiftleiter

Anleitung

1. Einer von euch hält die **Bleistiftspitze** gegen die kurze Metallzunge der Batterie.

2. Das **Lämpchen** hältst du so an das hintere Bleistiftende, dass der Sockel mit der Mine Kontakt hat.

3. Dein Partner klappt jetzt die **Schere** auf und hält den einen Schenkel an die lange Metallzunge der Batterie und den anderen an das Gewinde des Lämpchens.

Falls euer Bleistift am stumpfen Ende lackiert ist, solltet ihr ihn vorab mit dem Anspitzer an diesem Ende so lange anspitzen, bis ihr die Mine sehen könnt.

4. Schreibt oder zeichnet eure **Beobachtungen** und eure **Vermutung**, ob und warum der Bleistift Strom leitet, in euren Forscherheften auf.

5 Bleistiftleiter

Erklärung

Der Wissenschaftler erklärt:

Von der langen Zunge der Batterie, dem Minuspol, fließt der Strom durch das Metall der Schere zur Lampe.

Die **Elektronen**, kleine elektrisch geladene Teilchen, zwängen sich durch den feinen Glühdraht, bringen ihn dadurch zum Glühen und fließen durch die Graphitmine zur kurzen Zunge, dem Pluspol der Batterie. Graphit ist ein guter Leiter.

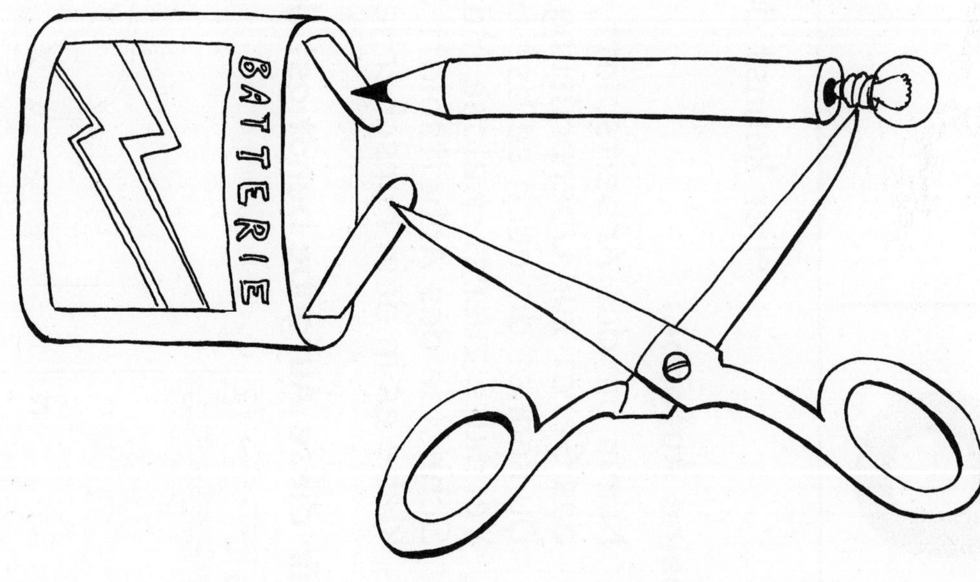

6

Was leitet Strom?

oder

Hier kannst du untersuchen, welche Materialien Strom leiten.

Deine Aufgabe:

1. Nimm dir das Arbeitsblatt, verschiedene Gegenstände und das Gerät zur Überprüfung der Leitfähigkeit.
   Du kannst dir auch selbst ein Gerät bauen, mit dem du die Leitfähigkeit prüfen kannst.
2. Vermute zuerst, welche Materialien Strom leiten, und überprüfe dann deinen Tipp.
3. Schneide das Arbeitsblatt entlang der äußeren Linie aus und klebe es in dein Forscherheft.

Für diese Aufgabe benötigst du:

6 Was leitet Strom? Name: oder

Wie heißt der Gegenstand?	Vermutung: Leitet der Gegenstand Strom?		Beobachtung: Leuchtet die Lampe?		Ergebnis: Leitet der Gegenstand Strom?	
	ja	nein	ja	nein	ja	nein

Arbeitsblatt

Gerät zur Überprüfung der Leitfähigkeit

verschiedene Gegenstände

6

Was leitet Strom?

Name: ____________________

oder

Wie heißt der Gegenstand?	Vermutung: Leitet der Gegenstand Strom?		Beobachtung: Leuchtet die Lampe?		Ergebnis: Leitet der Gegenstand Strom?	
	ja	nein	ja	nein	ja	nein

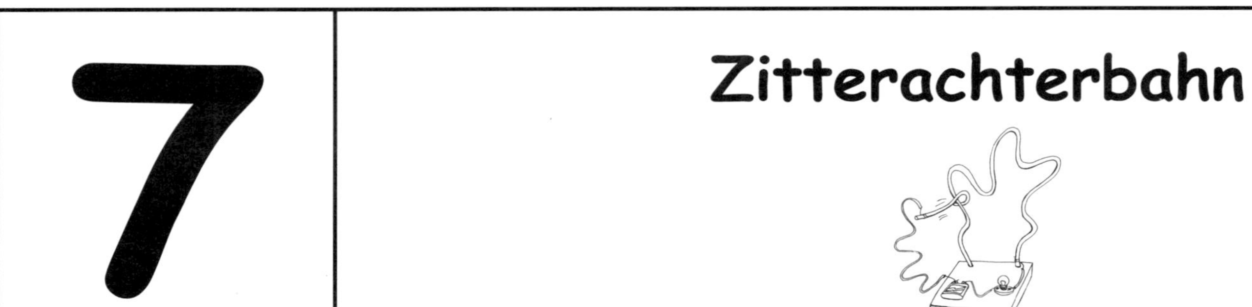

7 Zitterachterbahn

Hier kannst du dir selbst eine Zitterachterbahn bauen.
Dieses Geschicklichkeitsspiel heißt so,
weil die Lampe aufleuchtet, wenn du zitterst.

Deine Aufgabe:

1. Lies die Bastelanleitung und baue eine Zitterachterbahn.
2. Hast du eine Vermutung, wie die Zitterachterbahn funktioniert? Schreibe sie in dein Forscherheft.

Für diese Aufgabe benötigst du:

Anleitung

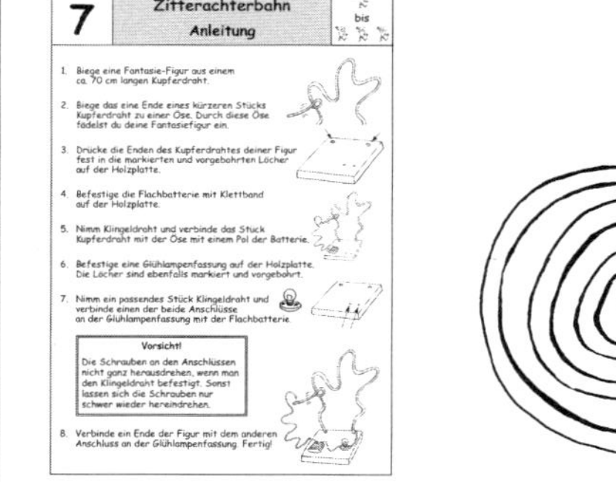

Kupferdraht

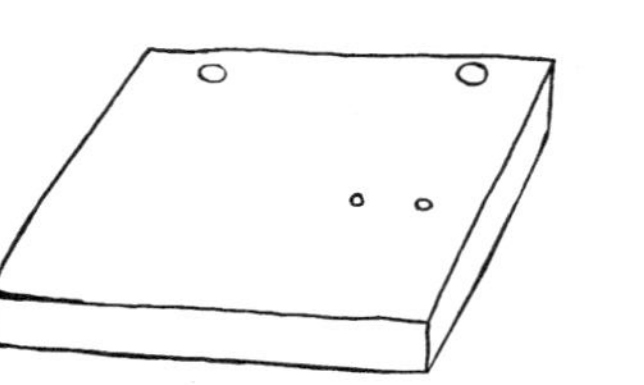

Holzplatte

Flachbatterie und Klettband

Glühlampe in Fassung

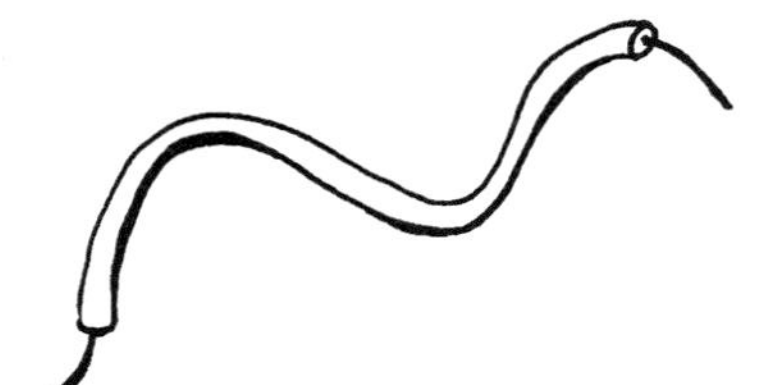

Klingeldraht

7 Zitterachterbahn

Anleitung

1. Biege eine Fantasie-Figur aus einem ca. 70 cm langen Kupferdraht.

2. Biege das eine Ende eines kürzeren Stücks Kupferdraht zu einer Öse. Durch diese Öse fädelst du deine Fantasiefigur ein.

3. Drücke die Enden des Kupferdrahtes deiner Figur fest in die markierten und vorgebohrten Löcher auf der Holzplatte.

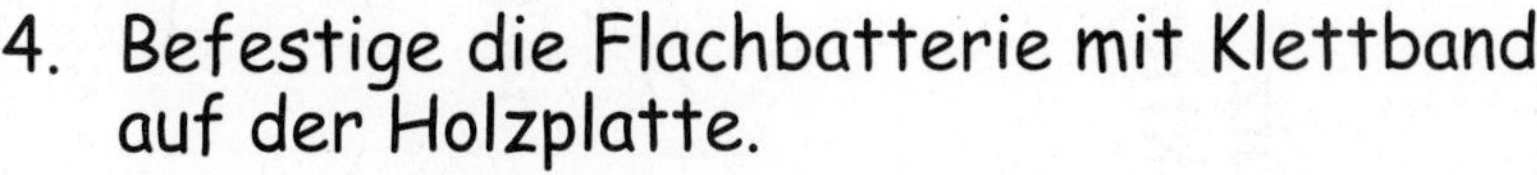

4. Befestige die Flachbatterie mit Klettband auf der Holzplatte.

5. Nimm Klingeldraht und verbinde das Stück Kupferdraht mit der Öse mit einem Pol der Batterie.

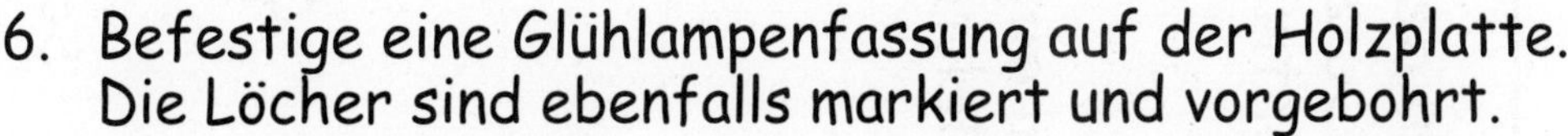

6. Befestige eine Glühlampenfassung auf der Holzplatte. Die Löcher sind ebenfalls markiert und vorgebohrt.

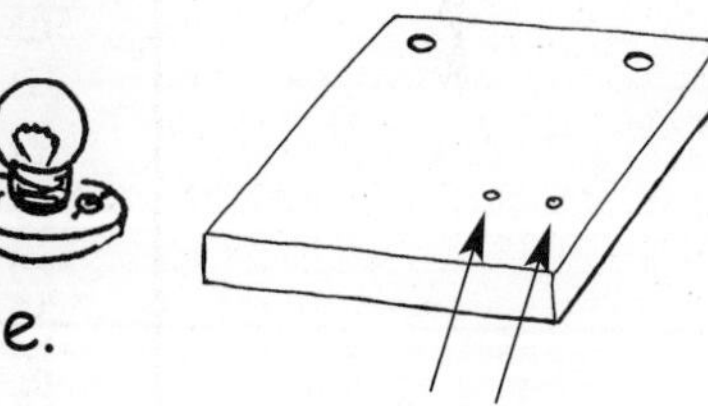

7. Nimm ein passendes Stück Klingeldraht und verbinde einen der beide Anschlüsse an der Glühlampenfassung mit der Flachbatterie.

> **Vorsicht!**
>
> Die Schrauben an den Anschlüssen nicht ganz herausdrehen, wenn man den Klingeldraht befestigt. Sonst lassen sich die Schrauben nur schwer wieder hereindrehen.

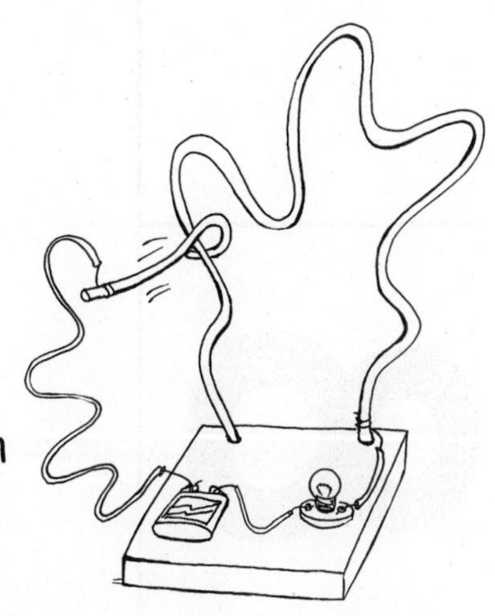

8. Verbinde ein Ende der Figur mit dem anderen Anschluss an der Glühlampenfassung. Fertig!

Elektroquiz

Hier kannst du dein eigenes Elektroquiz bauen.
Dieses Quiz heißt so, weil bei einer
richtigen Antwort die Lampe aufleuchtet.

Deine Aufgabe:

1. Lies die Bastelanleitung und bau dir ein Elektroquiz.
2. Hast du eine Vermutung, wie das Elektroquiz funktioniert? Schreibe sie in dein Forscherheft.

Für diese Aufgabe benötigst du:

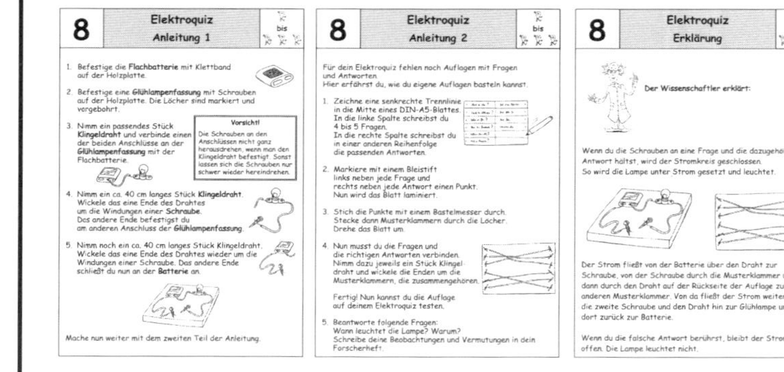

Anleitungen 1 und 2

Erklärung

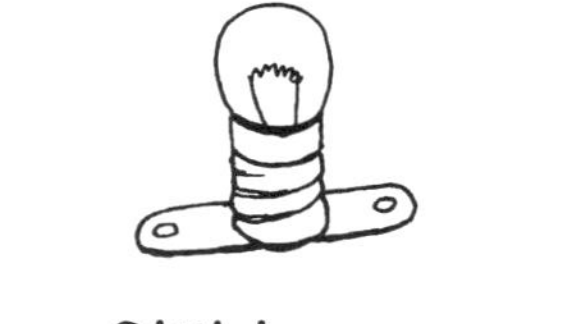

Schrauben

Holzplatte

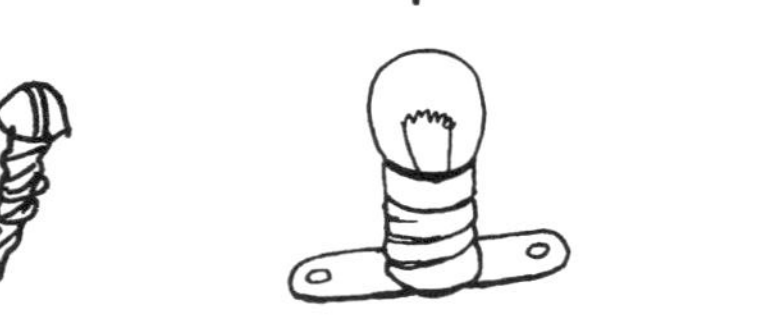

Klingeldraht

Glühlampe in Fassung

Flachbatterie und Klettband

Musterklammern

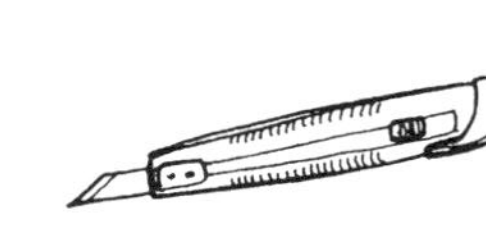

Bastelmesser

8 Elektroquiz
Anleitung 1

1. Befestige die **Flachbatterie** mit Klettband auf der Holzplatte.

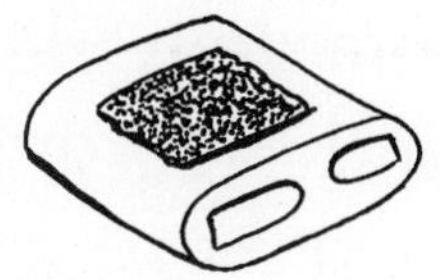

2. Befestige eine **Glühlampenfassung** mit Schrauben auf der Holzplatte. Die Löcher sind markiert und vorgebohrt.

3. Nimm ein passendes Stück **Klingeldraht** und verbinde einen der beiden Anschlüsse an der **Glühlampenfassung** mit der Flachbatterie.

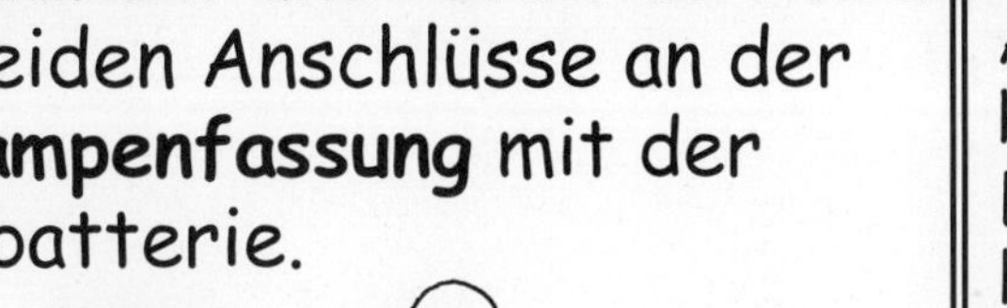

> **Vorsicht!**
> Die Schrauben an den Anschlüssen nicht ganz herausdrehen, wenn man den Klingeldraht befestigt. Sonst lassen sich die Schrauben nur schwer wieder hereindrehen.

4. Nimm ein ca. 40 cm langes Stück **Klingeldraht**. Wickele das eine Ende des Drahtes um die Windungen einer **Schraube**. Das andere Ende befestigst du am anderen Anschluss der **Glühlampenfassung**.

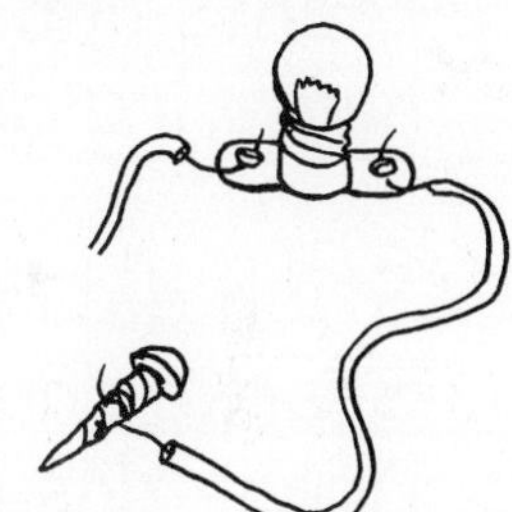

5. Nimm noch ein ca. 40 cm langes Stück Klingeldraht. Wickele das eine Ende des Drahtes wieder um die Windungen einer Schraube. Das andere Ende schließt du nun an der **Batterie** an.

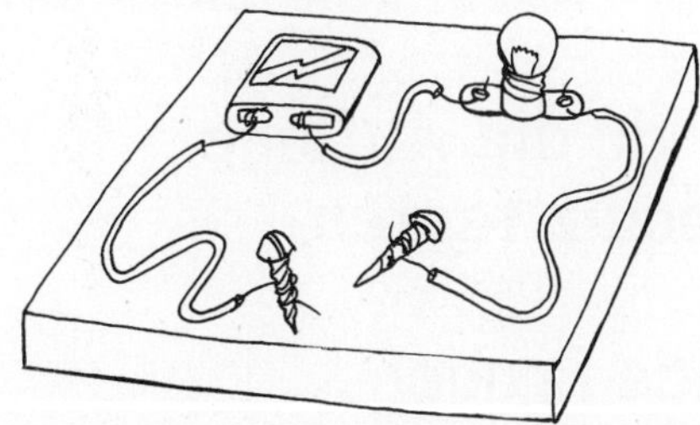

Mache nun weiter mit dem zweiten Teil der Anleitung.

8

Elektroquiz
Anleitung 2

Für dein Elektroquiz fehlen noch Auflagen mit Fragen und Antworten.
Hier erfährst du, wie du eigene Auflagen basteln kannst.

1. Zeichne eine senkrechte Trennlinie in die Mitte eines DIN-A5-Blattes. In die linke Spalte schreibst du 4 bis 5 Fragen. In die rechte Spalte schreibst du in einer anderen Reihenfolge die passenden Antworten.

2. Markiere mit einem Bleistift links neben jede Frage und rechts neben jede Antwort einen Punkt. Nun wird das Blatt laminiert.

3. Stich die Punkte mit einem Bastelmesser durch. Stecke dann Musterklammern durch die Löcher. Drehe das Blatt um.

4. Nun musst du die Fragen und die richtigen Antworten verbinden. Nimm dazu jeweils ein Stück Klingeldraht und wickele die Enden um die Musterklammern, die zusammengehören.

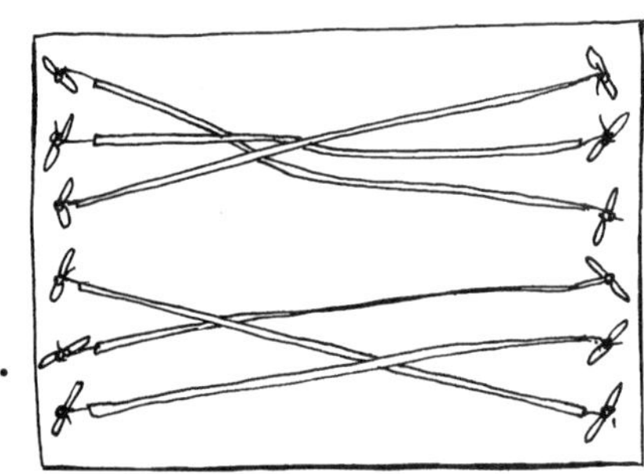

   Fertig! Nun kannst du die Auflage auf deinem Elektroquiz testen.

5. Beantworte folgende Fragen:
   Wann leuchtet die Lampe? Warum?
   Schreibe deine Beobachtungen und Vermutungen in dein Forscherheft.

8

Elektroquiz
Erklärung

Der Wissenschaftler erklärt:

Wenn du die Schrauben an eine Frage und die dazugehörige Antwort hältst, wird der Stromkreis geschlossen.
So wird die Lampe unter Strom gesetzt und leuchtet.

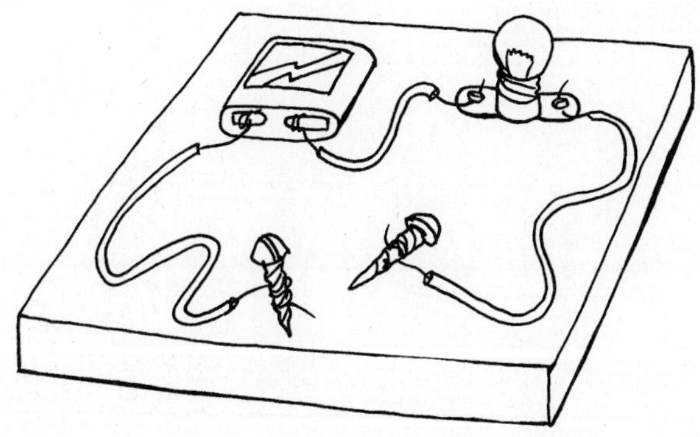

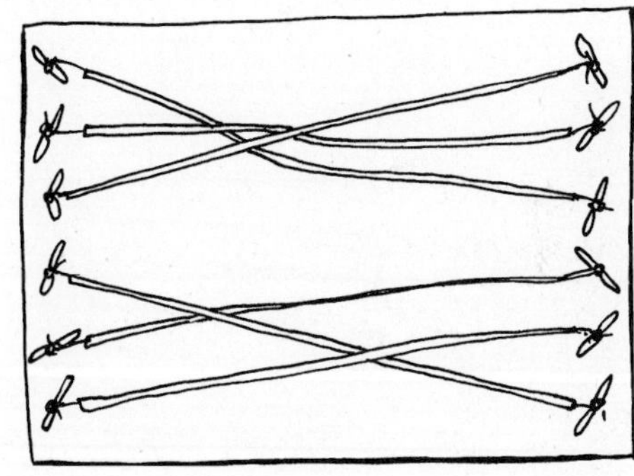

Der Strom fließt von der Batterie über den Draht zur Schraube, von der Schraube durch die Musterklammer und dann durch den Draht auf der Rückseite der Auflage zur anderen Musterklammer. Von da fließt der Strom weiter durch die zweite Schraube und den Draht hin zur Glühlampe und von dort zurück zur Batterie.

Wenn du die falsche Antwort berührst, bleibt der Stromkreis offen. Die Lampe leuchtet nicht.

8 Elektroquiz
Auflage 1

Wie nennt man diese Teile?

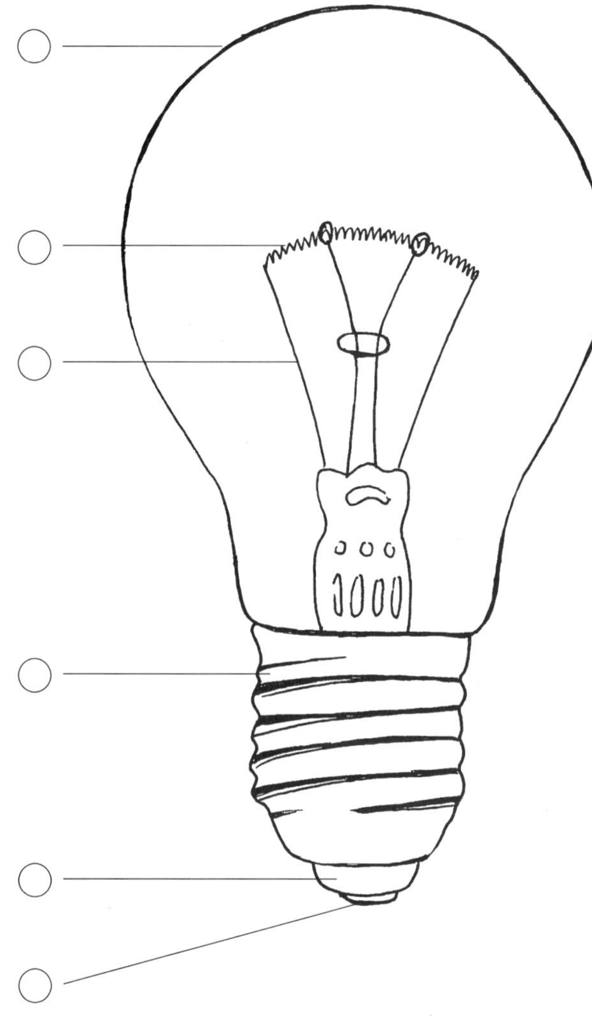

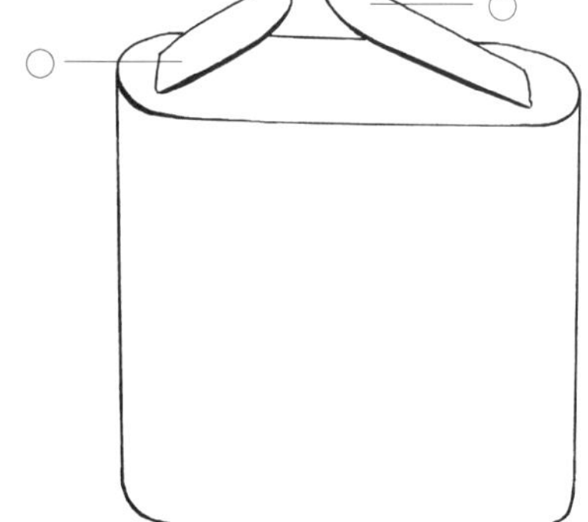

- ❍ Kontaktplättchen
- ❍ Glühdraht
- ❍ Zuleitungsdraht
- ❍ Schraubsockel
- ❍ Isolierplättchen
- ❍ Glaskolben
- ❍ Pluspol
- ❍ Minuspol

8

Elektroquiz
Auflage 2

Welcher Stromkreis ist geschlossen?

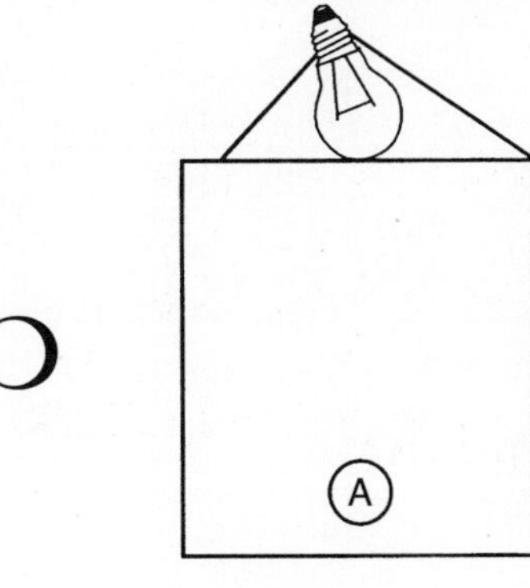

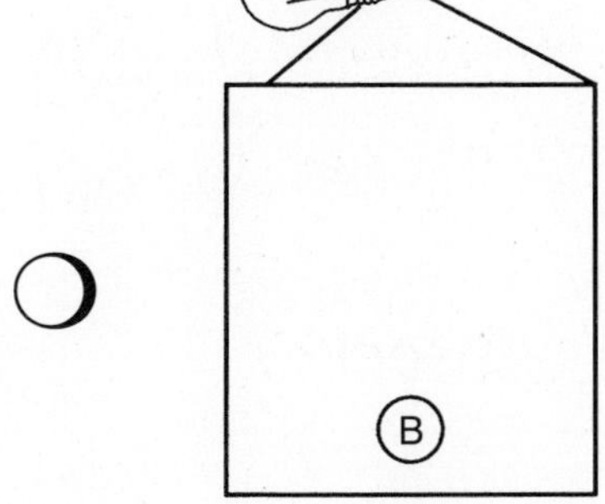

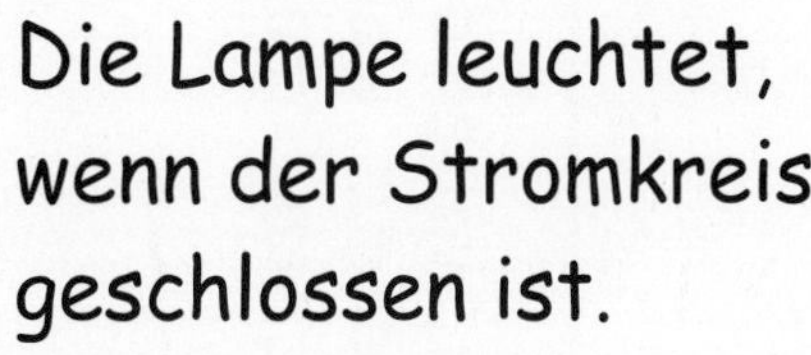

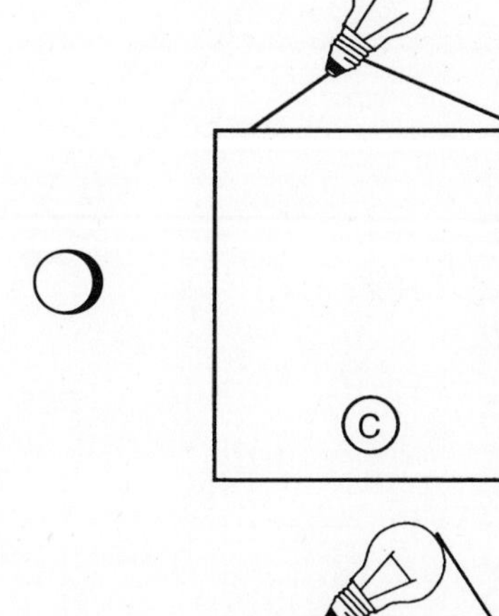

D

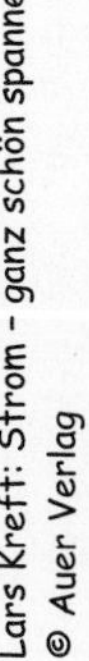

Woher kommt der Strom?

oder

Hier erfährst du, woher der Strom kommt.
Außerdem findest du heraus, welche Vor- und Nachteile die unterschiedlichen Stromerzeuger haben.

Deine Aufgabe:

1. Lies den Text über die Stromerzeugung.
   Du kannst dich auch in Sachbüchern darüber informieren.
2. Unterstreiche die Vorteile der verschiedenen Stromerzeuger mit einer durchgehenden Linie und die Nachteile mit einer gestrichelten Linie.
3. Vielleicht fallen dir noch weitere Vorteile und Nachteile ein, die nicht im Text stehen. Schreibe sie in dein Forscherheft.

Für diese Aufgabe benötigst du:

Lesetext 1 und 2

Stift

Sachbücher

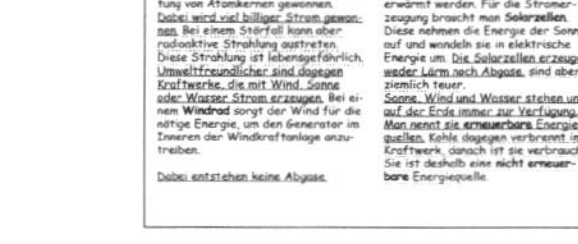

Lösung

9 Woher kommt der Strom? Lesetext (1)

Fernseher, Radio, Lampe – alles funktioniert mit Strom. Dieser Strom wird in **Kraftwerken** erzeugt. Diese Kraftwerke funktionieren ähnlich wie ein Fahrraddynamo, nur ist dort alles viel größer! Der Dynamo heißt in Kraftwerken **Generator**. Angetrieben wird er durch eine **Turbine**. Eine Turbine ist wie ein großes Schaufelrad. Diese Schaufeln müssen gedreht und damit angetrieben werden.

In einem **Kohlekraftwerk** wird Kohle verbrannt, um Wasser zu erhitzen. Dabei entsteht Wasserdampf, der dann eine Turbine bewegt. Die Turbine treibt schließlich den Generator an und der erzeugt dann Strom. Kohle wird auch in Deutschland gefördert. Allerdings wird bei der Verbrennung die Umwelt verschmutzt.

Auch in einem **Atomkraftwerk** wird durch Hitze Wasserdampf erzeugt. Hier wird aber nichts verbrannt, sondern die Energie wird durch die Spaltung von Atomkernen gewonnen. Dabei wird viel billiger Strom gewonnen. Bei einem Störfall kann aber radioaktive Strahlung austreten. Diese Strahlung ist lebensgefährlich.

Umweltfreundlicher sind dagegen Kraftwerke, die mit Wind, Sonne oder Wasser Strom erzeugen. Bei einem **Windrad** sorgt der Wind für die nötige Energie, um den Generator im Inneren der Windkraftanlage anzutreiben. Dabei entstehen keine Abgase. Allerdings machen die Windräder viel Lärm.

9

Woher kommt der Strom?
Lesetext (2)

Wie der Wind das Windrad und damit den Generator antreibt, wird in einem **Wasserkraftwerk** die Energie durch die Kraft des Wassers erzeugt. Dies geschieht meist in Stauseen. Das Wasser staut sich an einer großen Mauer. Wenn es durch die Öffnung der Staumauer strömt, trifft es mit großer Kraft auf die Turbinen. Sie drehen sich und treiben so den Generator an. Abgase entstehen dabei nicht. Allerdings gibt es nicht überall genug Wasser, um ein Wasserkraftwerk zu betreiben. Weil die Stauseen künstlich angelegt werden, müssen ganze Landstriche überschwemmt werden.

Auch mit Sonnenlicht lässt sich Strom erzeugen. Vielleicht hast du auf Hausdächern schon einmal **Sonnenkollektoren** gesehen. Damit kann zum Beispiel Wasser für die Dusche erwärmt werden. Für die Stromerzeugung braucht man **Solarzellen**. Diese nehmen die Energie der Sonne auf und wandeln sie in elektrische Energie um. Die Solarzellen erzeugen weder Lärm noch Abgase, sind aber ziemlich teuer.

Sonne, Wind und Wasser stehen uns auf der Erde immer zur Verfügung. Man nennt sie **erneuerbare** Energiequellen. Kohle dagegen verbrennt im Kraftwerk, danach ist sie verbraucht. Sie ist deshalb eine **nicht erneuerbare** Energiequelle.

9 Woher kommt der Strom? Lösung

Fernseher, Radio, Lampe – alles funktioniert mit Strom. Dieser Strom wird in **Kraftwerken** erzeugt. Diese Kraftwerke funktionieren ähnlich wie ein Fahrraddynamo, nur ist dort alles viel größer! Der Dynamo heißt in Kraftwerken **Generator**. Angetrieben wird er durch eine **Turbine**. Eine Turbine ist wie ein großes Schaufelrad. Diese Schaufeln müssen gedreht und damit angetrieben werden.
In einem **Kohlekraftwerk** wird Kohle verbrannt, um Wasser zu erhitzen. Dabei entsteht Wasserdampf, der dann eine Turbine bewegt. Die Turbine treibt schließlich den Generator an und der erzeugt dann Strom. Kohle wird auch in Deutschland gefördert. Allerdings wird bei der Verbrennung die Umwelt verschmutzt.
Auch in einem **Atomkraftwerk** wird durch Hitze Wasserdampf erzeugt. Hier wird aber nichts verbrannt, sondern die Energie wird durch die Spaltung von Atomkernen gewonnen. Dabei wird viel billiger Strom gewonnen. Bei einem Störfall kann aber radioaktive Strahlung austreten. Diese Strahlung ist lebensgefährlich.
Umweltfreundlicher sind dagegen Kraftwerke, die mit Wind, Sonne oder Wasser Strom erzeugen. Bei einem **Windrad** sorgt der Wind für die nötige Energie, um den Generator im Inneren der Windkraftanlage anzutreiben.

Dabei entstehen keine Abgase.

Allerdings machen die Windräder viel Lärm.
Wie der Wind das Windrad und damit den Generator antreibt, wird in einem **Wasserkraftwerk** die Energie durch die Kraft des Wassers erzeugt. Dies geschieht meist in Stauseen. Das Wasser staut sich an einer großen Mauer. Wenn es durch die Öffnung der Staumauer strömt, trifft es mit großer Kraft auf die Turbinen. Sie drehen sich und treiben so den Generator an. Abgase entstehen dabei nicht. Allerdings gibt es nicht überall genug Wasser, um ein Wasserkraftwerk zu betreiben. Weil die Stauseen künstlich angelegt werden, müssen ganze Landstriche überschwemmt werden.
Auch mit Sonnenlicht lässt sich Strom erzeugen. Vielleicht hast du auf Hausdächern schon einmal **Sonnenkollektoren** gesehen. Damit kann zum Beispiel Wasser für die Dusche erwärmt werden. Für die Stromerzeugung braucht man **Solarzellen**. Diese nehmen die Energie der Sonne auf und wandeln sie in elektrische Energie um. Die Solarzellen erzeugen weder Lärm noch Abgase, sind aber ziemlich teuer.
Sonne, Wind und Wasser stehen uns auf der Erde immer zur Verfügung. Man nennt sie **erneuerbare** Energiequellen. Kohle dagegen verbrennt im Kraftwerk, danach ist sie verbraucht. Sie ist deshalb eine **nicht erneuerbare** Energiequelle.

10 Stromdetektiv

oder

Hier sollst du wie ein Detektiv die Stromverbraucher in einem Haus finden und überlegen, wie du selbst Strom sparen kannst.

Deine Aufgabe:

1. Finde die Stromverbraucher in dem Haus auf dem Arbeitsblatt.
   Male sie bunt aus und schreibe sie auf.
2. Nimm dir die Lösung, um deine Antworten zu überprüfen.
3. Wenn du fertig bist, schneide das Arbeitsblatt entlang des äußeren Randes aus und klebe es in dein Forscherheft.

Für diese Aufgabe benötigst du:

Arbeitsblatt

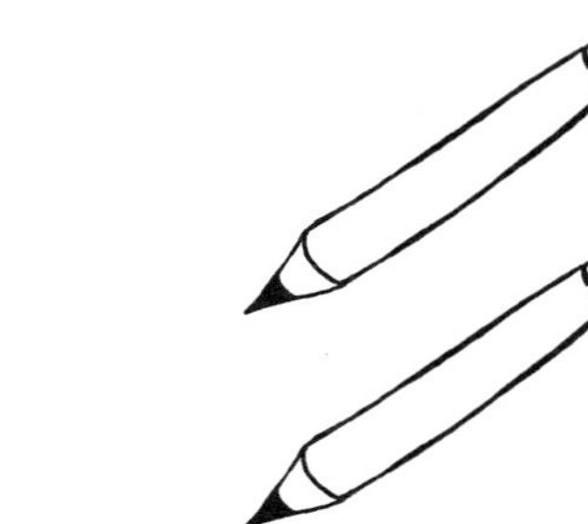

Buntstifte

10 Stromdetektiv Lösung

Schreibe die Geräte hier auf:

Fernseher, Computer, alle Lampen, Waschmaschine, Trockner, Bügeleisen, Wasserkocher, Herd, Dunstabzugshaube, Durchlauferhitzer, Kaffeemaschine, Toaster, Radios, Telefon, Taschenlampe, Ventilator, Rasierer, Föhn, Bohrmaschine, Aquarium, Stereoanlage, Handy

Wie könnten die Hausbewohner Strom sparen?

Sie könnten zum Beispiel Energiesparlampen verwenden und nur Geräte kaufen, die einen niedrigen Stromverbrauch haben.

Lösung

10 Stromdetektiv

Name: ______________________________

oder

Male die Geräte, die im Haus Strom verbrauchen, bunt an.

Schreibe die Geräte hier auf:

____

____

____

____

Wie könnten die Hausbewohner Strom sparen?

____

____

10	**Stromdetektiv** **Lösung**	oder 

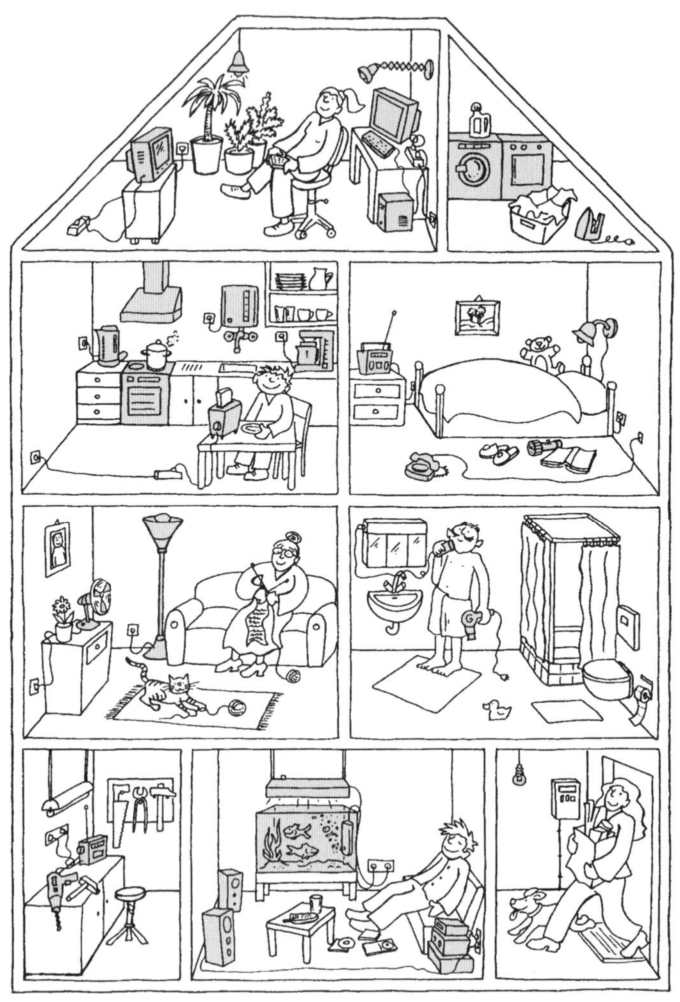

Schreibe die Geräte hier auf:

Fernseher, Computer, alle Lampen, Waschmaschine, Trockner, Bügeleisen, Wasserkocher, Herd, Dunstabzugshaube, Durchlauferhitzer, Kaffeemaschine, Toaster, Radios, Telefon, Taschenlampe, Ventilator, Rasierer, Föhn, Bohrmaschine, Aquarium, Stereoanlage, Handy.

Wie könnten die Hausbewohner Strom sparen?

Sie könnten zum Beispiel Energiesparlampen verwenden und nur Geräte kaufen, die einen niedrigen Stromverbrauch haben.

Jederzeit optimal vorbereitet in den Unterricht?

»